U0964000

铭记

永不褪色的抗战记忆

北京日报纪事采写组 编

北京日报出版社

图书在版编目（CIP）数据

铭记 . 永不褪色的抗战记忆 / 北京日报纪事采写组编 . -- 北京 : 北京日报出版社 , 2025. 8. -- ISBN 978-7-5477-4878-7

I. K265.06

中国国家版本馆 CIP 数据核字第 2025HU1417 号

铭记 永不褪色的抗战记忆

出版发行： 北京日报出版社
地　　址： 北京市东城区东单三条 8–16 号东方广场东配楼四层
邮　　编： 100005
电　　话： 发行部：（010）65255876
总编室：（010）65252135
印　　刷： 天津画中画印刷有限公司
经　　销： 各地新华书店
版　　次： 2025 年 8 月第 1 版
2025 年 8 月第 1 次印刷
开　　本： 710 毫米 ×1000 毫米　1/16
印　　张： 17
字　　数： 212 千字
定　　价： 78.00 元

版权所有，侵权必究，未经许可，不得转载

编 委 会

主　　任　赵靖云　张冬萍

编　　委　刘立志　董少东　黄月平　张记合　黄加佳

本书主编　董少东　黄加佳

目录

第一部分　血肉铸就的长城

第二部分　延安宝塔的光芒

第三部分 看不见硝烟的战场

第四部分 跨越国界的抵抗力量

终 章 历史坐标的定格

后 记

第一部分

血肉铸就的长城

烽火燃北疆

中国抗战从这里开启

唐　铮

1931 年，一场由日本关东军蓄意策划的爆炸发生在沈阳柳条湖畔，九一八事变由此爆发。

由于国民政府奉行不抵抗政策，20 余万东北军一月之内齐齐卸甲，将东北三省的大好国土拱手让给了日本帝国主义。东北自此沦陷长达 14 年，一首流传甚广的《松花江上》唱出了一代人的悲怆。

悲情北大营

北大营始建于 1907 年，建成后一直是驻兵重地，成为保卫沈阳的北面藩篱。

作为九一八事变的一个重要发生地，北大营现在已经不复存在，仅剩下一处面积不到 300 平方米的残缺掩体和一棵 100 多岁的老杨树，成为见证历史的遗迹。

东北三省沦陷，国民政府奉行的不抵抗政策曾广受国人唾弃。而在“九一八”当晚，北大营守军作为东北军的一部分，在兵力数倍于敌军的情况下却在短短几小时内就撤退，这种表现更是令人难以接受。

然而，随着时间的推移，历史细节逐一浮出水面，向我们再现了当晚北大营守军突遇袭击后，顽强抵抗侵略者的真实画面。

日军绘制的《北大营附近支那铁道爆破攻击行动战图》，再现了当时的情景：图中所绘北大营呈正方形，东西长和南北长均约为 3000 米。左侧位置标明了双方兵力，其中日军兵力约 600 名，中国军队兵力则达到了 8000 至 10000 名。

从这张图上可以看出，守备在北大营西墙处的，是东北军六二一团的一营和二营；守备在东侧的是王铁汉统领的东北军第七旅六二〇团的一营和二营。

听到柳条湖方向的爆炸声，十几分钟后，六二一团的各连都到集合场集合，当士兵们正在排兵布阵时，突然有消息说旅长来电话了，外面的声音只是日军的演习，队伍先稳住，把枪交回库里，士兵回营里继续睡觉。

当日本兵很快冲进六二一团各营连的兵营内时，许多官兵刚重新进入梦乡，仓促中连衣服都没有来得及穿。赤手空拳的士兵有的夺门而走，有的越窗而逃，有的钻到床下躲避，这样被白白刺死了很多。

根据东北军副官处处长李济川回忆，夜里 0 点 25 分，李济川接到情报人员报称，日军步兵在坦克掩护下向北大营进逼。他急忙向参谋长荣臻汇报，荣臻犹豫地说："日军在南满站的墙上贴了布告，说要举行秋操，这会不会是演习呢？"他让李济川赶紧去核实情况。

这时，电话铃响了，第七旅参谋长赵镇藩告急说，北大营的西门外有日军行动，已经动武了。荣臻此时才确知日本真的动武了，他根据张学良前几日的命令回答：北大营士兵暂时不允许抵抗，等待命令。

随即荣臻火速打电话向张学良报告情况，张学良当时回答：这是日军借演习挑衅，要避免日军找借口扩大冲突，不得开枪还击。

话语未毕，赵镇藩又来电话，报告说很多赤手空拳的军士被日军用刺刀刺死，日军更进一步砸开枪械库，事态扩大，要请旅长王以哲马上回去。

王以哲忍不住问荣臻："还是不能还手吗？"荣臻沉默了很久，才说："你自己看着办吧。"王以哲急忙要往北大营赶，但刚出门不久，发现汽车已经被日寇掠去，无法把允许反抗的命令传到北大营。

身在北大营的军士，出于自身的义愤和天职，已经开始还击。

曾任六二〇团团长王铁汉贴身警卫兼司机的李明德回忆，王铁汉曾向他详细讲述了当天夜里日军进攻北大营的情景。王铁汉说，当时东北军并不是一点防备都没有，北大营里的树都是呈三角形布局种下的，为的就是用来抵挡来自不同方向的子弹。日本军队打进来时，六二〇团不少士兵爬到了树上躲避。后来，树上的战士暴露，王铁汉下令开枪，与敌人展开搏斗。

王铁汉的命令下达之后，东北军的子弹愤怒地射向敌人，日军的脚步当即被遏制，几队日军龟缩回去。

沈阳“九·一八”历史博物馆研究室主任高建出示了一份新史料，那就是由日本陆军省、海军省同靖国神社共同发行的《靖国神社忠魂史》。

据《靖国神社忠魂史》第五卷记载，北大营一战，有 2 名日本兵士负伤死亡，分别是独立守备步兵第二大队伍长新国六三和上等兵增子正男。

1931 年《日本奉天关东军司令部调查材料》也称：“奉天北大营伤将校 4 人，下士、兵死 2 人，伤 19 人，计伤亡 25 人。”

在《北大营附近支那铁道爆破攻击行动战图》上，北大营的各重要区域标记有不同的攻打时间，如北大营的西侧，标有“前零时半突入”，南侧标有“前零时五十分占领”。

由此可以看出，东北军一直坚持到第二天凌晨，才撤出北大营。

南岭大营的阻击

在长春，关东军一度受到了猛烈的阻击。

9月19日凌晨3点，也就是日军在沈阳挑起战火5个小时后，驻长春日军开始对长春守军发起攻击。

当时，东北军毫无准备，有些枪械弹药还锁在库里。就在这时，他们接到了吉林副司令长官公署参谋长熙洽“避免冲突，不准抵抗”的命令，二道沟兵营很快失守。

两个小时后，日军开始进攻南岭大营。此时东北军刚刚起床，当发现日军袭击时，便利用窗口进行抗击，但由于无准备、无组织，一时出现混乱。当时驻守南岭大营的是东北军步兵第二五旅五〇团、炮兵第十团和一个辎重营，有官兵4000余名，且武器完备，光各种型号的大炮就配置了36门。

日军冲进后首先将该营12门火炮破坏。南岭大营驻守官兵砸开军械仓库的铁锁，取出枪支弹药，奋起反抗，迫使关东军司令部不得不临时下令，暂时停攻，调日军独立守备队步兵第一队前来增援。

上午10时，从公主岭赶来增援的日军独立守备第一大队与第二大队会合后，在炮兵轰击掩护下，分左右两翼向步兵第五〇团及炮兵第二营、第三营进攻。守军利用营房的窗户、通气孔等一切可以利用的枪眼猛烈还击，使日军颇有伤亡。战至下午1时，日军守备第一大队长小河原浦治中佐受重伤，其第三中队长桥本茂大尉及机枪小队长芦田芳雄少尉被击毙。

7个小时后，日军以死43人、伤55人的代价占领了南岭大营。战至次日，长春陷落。这是九一八事变中，日军伤亡最大的一场战斗。

由于日本方面在事变前的周密计划、事变中的不宣而战、事变后的迅速行动，加上国民政府奉行“攘外必先安内”、不抵抗的政策，致使日本武力侵占东北的计划进展得异常顺利，九一八事变当夜占领沈阳城，4个月18天占领东北3个省和1个特区，一口气吞下东北128万平方公里的大好河山，相当于日本国土的3.5倍。以此为起点，中国人民进行了长达14年不屈不挠的抗日战争。

本文来源：2011年9月20日《北京日报》17版、20版

雪原不死鸟

东北抗联十四年游击战

董少东

“九一八，九一八，从那个悲惨的时候”，侵华日军的铁蹄在中国东北肆意践踏。中华民族到了最危险的时候。

由于国民政府的不抵抗政策，仅仅 4 个多月，东北全部沦陷。

与此形成鲜明对照的是，正处在国民党重兵“围剿”之下、面临生死存亡考验的中国共产党，率先举起了抗日救国的旗帜，派出大批党员干部，组织和领导东北人民的抗日斗争。

中国共产党领导的东北抗日联军，是中国最早对日作战、历时最长且条件最艰苦的一支抗日武装。抗联将士抵御着难以想象的严寒和饥饿，挑战着人类生存的极限，与数十倍于己的强大日军顽强鏖战。

领导着东北抗联的共产党人，万难不屈，万死不辞，战斗在拯救民族危亡、捍卫民族尊严的抗日最前线，无怨无悔地付出一切乃至生命。

“大老杨”及其前后任

九一八，大炮响，
鬼子兵，占沈阳。
…………
逼得人们没活路，
上山去找大老杨。

这首歌谣里唱的“大老杨”，便是著名的抗日将领杨靖宇，在日伪占领下的东北，他就是共产党的代名词。

“大老杨”，其实本不姓杨。

杨靖宇，本姓马，名尚德，又名顺清，字骥生。1905 年出生在河南省确山县李湾村一个农民家庭。1926 年，马尚德加入了中国共产主义青年团。

在参与确山暴动之后，1927 年 6 月，马尚德加入了中国共产党。当时，国民党反动派刚刚发动四一二反革命政变，白色恐怖笼罩全国，共产党员面临着随时可能降临的屠刀。马尚德毅然决然地选择了自己的信仰。

1929 年，24 岁的马尚德奉命赴东北从事地下工作。此时，他的儿子马从云年仅 1 岁，女儿马锦云刚出生 5 天。

到东北后，马尚德改名为杨靖宇：“靖”意为清扫；“宇”意为宇宙。“靖宇”就是扫清天下敌人。

1932 年 4 月，杨靖宇任中共满洲省委代理军委书记，随后赴南满整顿党的组织、游击队，先后整编了磐石、海龙游击队。

此后，马尚德的名字逐渐被人们遗忘，东北抗日战场上，有了一位威名赫赫的杨靖宇。

继杨靖宇后任满洲省委军委书记的是周保中。九一八事变后，正在苏联留学的周保中受党组织委派回国。1932 年 7 月，周保中到达哈尔滨。

周保中是云南人，毕业于云南陆军讲武学校。同样是 1927 年白色恐怖最泛滥时，已是国民革命军少将副师长的周保中选择加入中国共产党。周保中曾在上海的党中央工作，后赴苏联留学。他的原名为奚李元，回国后，为了表达誓死救国的决心，改名周保中。

刚刚被任命为满洲省委军委书记，周保中马上前往吉东、牡丹江地区发动抗日武装斗争。

杨靖宇的前任满洲省委军委书记，是后来与他并称“南杨北赵”的赵尚志。

由于东北抗日斗争的残酷和艰苦，赵尚志一生中极少拍照。驰骋白山黑水间的一代名将，留给人们的却只是一个模糊的身影。

满洲省委的这三任军委书记，赵尚志年纪最小，1932 年年初任职时才 24 岁；党龄却最长——1925 年，年仅 17 岁的他在哈尔滨加入中国共产党，同年南下广州投考黄埔军校。然而未及毕业，蒋介石提出“整理党务案”，赵尚志退学回到了东北，从事地下活动，两次被捕入狱，坚贞不屈。

九一八事变后出狱的赵尚志，被任命为中共满洲省委军委书记——这个黄埔军校“肄业生”，是当时东北党组织中为数不多的受过专业训练的军事人才。

杨靖宇接过这个职务的时候，赵尚志已经是北满巴彦游击队的参谋长。

满洲省委的三任军委书记，几乎都是就任这个职务的同时，就直奔抗日前线，拉队伍、打鬼子。军委书记，职责就是战斗！

不光是这三任满洲省委军委书记，本就在东北，还有九一八事变后奔赴东北的共产党员，都是以战斗的姿态投身到白山黑水之间。他们之中，有清华大学数学系的冯仲云；有曾经在日本东京帝国大学留学的童长荣；有考入武汉黄埔军校，又赴莫斯科中山大学学习的赵一曼……

九一八事变后，日伪军警在东北有数十万人，而中国共产党在东北的党员、团员仅 2000 多人。这 2000 多人，是第一批投身抗日战场的共产党人，他们像不熄的火种，在东北大地上燃起了持续 14 年的抗日烽火。

“我还是要革命的”

1933 年 6 月初，中共满洲省委秘书长冯仲云几经辗转，终于在磐石找到了杨靖宇领导的南满游击队。

冯仲云时年 25 岁，公开身份是哈尔滨商船学校的年轻教授。他是江苏人，毕业于清华大学数学系。1927 年 4 月，蒋介石在上海发动四一二反革命政变，张作霖在北京杀害李大钊，白色恐怖下血雨腥风，冯仲云就在这时候加入了中国共产党。

1930年10月，冯仲云受党组织委派，到哈尔滨从事地下工作。冯仲云此行是向游击队传达《中央给满洲各级党部及全体党员的信——论满洲的状况和我们党的任务》。这份东北抗战史上的重要文件是1933年1月26日发出的，所以又称《一·二六指示信》。

《一·二六指示信》的中心内容是要求在东北实行抗日民族统一战线，“尽可能的造成全民族的（计算到特殊环境）反帝统一战线来聚集和联合一切可能的，虽然是不可靠的动摇的力量，共同的与共同敌人——日本帝国主义及其走狗斗争”。同时，要保证无产阶级在统一战线中的领导权，党领导的游击队是一切游击队伍中最先进最革命最大战斗力的队伍。

《一·二六指示信》对此前“左”倾的抗战方针进行了纠正。1932年，设在上海的临时中央曾召开了一次“北方会议”，给东北的抗日斗争发出了很多盲目冒险的指示。比如“建立苏区，不许敌人跨入一步”，对各种义勇军组织采取关门政策，等等。

实际上，“北方会议”的方针政策，在东北抗日战场上根本没有条件实行。早在《一·二六指示信》传达之前，杨靖宇就已经注意联合周边的其他抗日义勇军和反日山林队，协同对敌作战。

还是在杨靖宇初到磐石的时候，他先被当地的“常占队”扣了。“常占队”是一支山林武装，与游击队刚刚发生过摩擦。“常占队”头领正在火头上，马上就下令要处决杨靖宇。杨靖宇弄清原委，对“常占队”头领晓以大义，不但让他捐弃前嫌，而且，“常占队”还成了此后经常配合游击队作战的反日力量。

杨靖宇领导的南满游击队最先打出了中国共产党东北抗日的声势。

自从杨靖宇来到南满游击队后，便带领游击队在1933年的前4个月里运用灵活机动的战术，接连打退了日伪军的4次围攻。一时间，这支由共产党领导的队伍以及杨靖宇本人声名鹊起。对此，中共磐石中心县委在1933年2月24日给省委的报告中说：杨靖宇“担任政治委员领导队伍以后”，南满游击队战果累累，“大大的扩大了政治影响，队伍日益发展，‘二七’前后，增加队员50多名”，队员要求参加共产党和共青团，“在工作中非常勇敢……积极”。1933年9月8日，中共满洲省委巡视员伯阳在其巡视报告《伯阳通信第二号》中记载，当时许多自发抗日军队的下层官兵都纷纷议论说：“红军有好指挥官，能作战，倘若各抗日军都能加入红军，在红军的指挥下，早把日本帝国主义打出去了。”

1933年9月18日，九一八事变两周年的日子，由南满游击队改编成的东北人民革命军第一军独立师宣告成立，杨靖宇任师长，全师共380人，很快壮大到800人。在独立师周围共同参与对敌作战的抗日义勇军约有5000人。

冯仲云在南满传达完《一·二六指示信》后不久，自己也投身到了抗日最前线，妻子薛雯则带着两个孩子回到江苏。临别前，冯仲云对妻子说：“我们这次离别，也可能永久见不到了，但是即便这样，你也决不能辜负党；你回去以后，可能你也很快能回来，通过组织找到我去的地方；也可能咱们还能见面，那就是咱们把日本鬼子打出去。”

可谁曾想到，这一分别就是音讯全无的 12 年。冯仲云在白山黑水间浴血奋战，无数的战友在他身边倒下，他自己也染过伤寒、负过重伤，草根树皮充饥，在零下 40 摄氏度的严寒里露宿野外，面对着篝火，思念着远在他乡的妻儿。

1935 年 1 月，东北人民革命军第三军成立，冯仲云任军政治部主任，军长则是满洲省委最早奔赴抗战前线的军委书记赵尚志。

第三军由东北反日游击队哈东支队改编而成，并不是赵尚志最早领导的巴彦游击队，赵尚志本人此时也才刚刚恢复了党籍。

巴彦游击队初创时颇具声势，这支队伍转战哈尔滨周边地区，曾攻下巴彦县城，奇袭日伪运输线，甚至一度打到哈尔滨。可对阵装备精良的凶残日军，终究势单力薄，坚持战斗两年后，巴彦抗日游击队被打散，队长张甲洲牺牲，参谋长赵尚志一只眼睛被炸瞎。

失去一只眼睛，赵尚志并不在意，真正让他苦闷的，是巴彦游击队的失败归罪于他，他被开除了党籍。在给友人的一封信中，他曾写下这样一首诗：“风打麦波千层浪，雁送征人一段愁。披靡无术，被屏逐于千里之外。”语句中尽显苦闷心境。

不过，赵尚志没有放弃抗日斗争的信念。此后不久，他拒绝了地下党组织安排的哈尔滨市总工会主席之职，主动要求前往哈东地区（哈尔滨以东宾县、珠河、阿城等地）从事抗日活动，回到最熟悉的战场上去。

临行前，赵尚志到巴彦游击队战友夏尚志处道别。两个“尚志”一起吃了一顿告别饭。直到 20 世纪 80 年代，有关部门整理赵尚志事迹寻访到夏尚志时，老人仍对 50 年前与赵尚志的最后一别保留着清晰的记忆。那时候，赵尚志被开除了党籍，一只眼睛瞎了，还要去哈东打游击。他这一去，是孤身一人，手无寸铁，身无分文，可还是很乐观。吃饭时还笑呵呵地说：“我就一个愿望，将来胜利了，能在‘狗不理’吃顿包子。”临行前，他忽然郑重起来，说：“我走了，我还是要革命的。”

来到哈东的赵尚志找到了一支名叫“朝阳队”的抗日义勇军。其领导人孙朝阳本是东北军马占山部下属，与日军战斗失利后被迫占山落草。

看上去毫不起眼的赵尚志起初只能在“朝阳队”当马夫，但很快在战斗中崭露头角，深受孙朝阳器重，还当上了参谋长。

赵尚志本想把“朝阳队”发展成由党领导的抗日武装，但孙朝阳的投敌倾向却越来越明显。赵尚志只能带着6个人脱离了“朝阳队”。

就是从这 7 个人起家，赵尚志很快发展出了一支数千人的抗日队伍，也就是后来的抗联第三军。此后数百场大大小小的战斗，少有败绩，打得日军慨叹“小小的满洲国，大大的赵尚志”。

勇士与汉奸

1936 年 2 月 20 日，《东北抗日联军统一军队建制宣言》发表，东北抗联之名从此载入史册。

这份宣言的署名有 8 个，分别是东北抗日联军第一至第六军军长杨靖宇、王德泰、赵尚志、李延禄、周保中、谢文东，以及汤原、海伦游击队。六个军，两支游击队，东北抗联看上去甚为壮大。还不止于此，宣言发表后不久，东北抗联进一步改编，扩充到了总计 11 个军。

那的确是东北抗联的鼎盛时期，总兵力 3 万多人。

显而易见的是，3 万多人远远填不满 11 个军的编制。由于东北抗联是在日本殖民统治下和腥风血雨的不断战斗中艰难发展起来的，各军情况、配备、人数都不统一。赵尚志领导的第三军，兵力已达 6000 人，实力相当于当时一个师，而相对较弱的第五军、第七军，只有六七百人，还不到一个团的规模。抗联扯起 11 个军的番号，主要是壮声威，迷惑敌人。

这 11 个军，性质不尽相同。第一、二、三、六、七等军是在党领导的东北人民革命军基础上建立的；第四、五两军原是有党领导的游击队参与的东北抗日同盟军；其余第八、九、十、十一军则是义勇军余部和抗日山林队。

虽然名义上都是抗联的部队，但真到了关键时刻，是不是中国共产党的部队，天差地别。

11 个军中，9 位军长是共产党人，只有周保中和李延禄见证了抗战的胜利，其余全部战死沙场。另外两个，李华堂是东北军旧部，谢文东是地主武装，在 1939 年抗联进入艰难逆境之时，两人叛变投敌。两个抗联军长当了汉奸，给抗联军史留下了耻辱的一笔。

即便是党领导的抗联队伍，成分也相当复杂。就拿赵尚志领导的第三军来说。起初，赵尚志本能地鄙视和讨厌土匪，不愿意与他们为伍，曾与这些队伍麻烦纠纷不断。但他很快认识到，党领导的游击队尚弱，要抗日必须联合这些杂牌军。许多次战斗，只要对方是中国人，他就骑马到阵前喊话。有士兵说："别喊话了，枪子儿可不听你的呀！" 赵尚志说，枪子儿能打着几个敌人？我一喊"中国人不打中国人"，就很可能跑过来一大群。

于是，赵尚志收编了许多"山头"，成立了东北反日联合军，他被推选为总司令。然而，除了党领导的基干队伍外，其余的抗日队伍多具有两面性，他们之中出现叛徒几乎是注定的，从师长到普通士兵，什么级别的都有。

叛徒，是东北抗联史研究不能回避的。这支英勇的抗日武装，在长达 14 年的抗战历程中，历经艰难困苦，生死一线，付出了巨大的牺牲，涌现了一大批可歌可泣的英雄人物。但同时，抗联也出现不少叛徒并造成严重后果。"南杨"杨靖宇和"北赵"赵尚志的牺牲都与叛徒直接相关，且都是殒命于汉奸宵小之手。

坚守理想信念、至死不渝的，一定是真正的共产党人。

赵一曼，就是这样的共产党人。她 1926 年入党，牺牲时年仅 31 岁。

身为女性，赵一曼为革命割舍了亲情。赴东北抗日前线之时，儿子宁儿才 1 岁多。行前，赵一曼抱着宁儿拍了张合影，然后把孩子托付给亲戚。

身为女性，赵一曼打仗不让须眉。当时日伪报纸曾刊登《女共党赵一曼红装白马驰骋哈东 攻城略地危害治安》的文章。在哈东游击区，赵一曼甚至有了和赵尚志并列的合称“哈东二赵”。

身为女性，赵一曼经历了比绝大多数抗联战士更多的伤痛和折磨。1935 年 11 月，赵一曼负伤被俘。在此后的半年多时间里，她遭到了敌人疯狂、残酷的刑讯。哈尔滨公安局保留着当年日军审讯赵一曼的两册尘封档案，烙铁烫、灌汽油、施以电刑……而她的回答只有一个：“你们不用多问，我的主义就是抗日，正如你们的职责是以破坏抗日、逮捕我们的目的一样。我有我的目的，进行反满抗日并宣传其主义就是我的目的，我的主义，我的信念。”

1936 年 8 月 2 日，赵一曼被押上前往珠河的火车。预感到即将牺牲，赵一曼向押送的警察要来纸笔，从容写下给儿子的遗书：

宁儿！母亲对于你没有能尽到教育的责任，实在是遗憾的事情。母亲因为坚决地做了反满抗日的斗争，今天已经到了牺牲的前夕了。母亲和你在生前是永久没有再见的机会了。希望你，宁儿啊！赶快成人，来安慰你地下的母亲！我最亲爱的孩子啊！母亲不用千言万语来教育你，就用实行来教育你。在你长大成人之后，希望不要忘记你的母亲是为国而牺牲的！

西征

1936 年 11 月底，辽宁法库县西北荒郊，一队骑兵踏着征尘，风驰电掣自东向西而来。他们是东北抗联第一军三师主力，杨靖宇的队伍。三师的任务是向西进击热河方向，打通东北与关内的联系，寻找党中央和红军。

一路厮杀，冲破重重封锁，辽河已经近在眼前了。跨过辽河，热河也就不远了。

往年的这个时候，河流早已封冻，骑兵们完全可以踏着厚厚的冰层，一路飞奔跨过辽河。但眼前的辽河，竟然没有上冻！战马在河岸上踢踏着，一路血火冲杀过来的战士们徒呼奈何。

追兵又至，又是一场厮杀。四百人的骑兵队伍只有一百余人突围而出，西征功败垂成。

这是东北抗联数次西征中最接近成功的一次。那时正是抗联的鼎盛时期，南满地区有杨靖宇领导的第一路军，吉东有周保中领导的第二路军，北满有赵尚志任总指挥的第三路军，抗日烽火燃遍白山黑水。

即便是鼎盛时期的抗联，面对的也几乎时时、处处都是绝境。

在这里，有日本密集的几十万大军和大量伪满军队及汉奸，有严酷的自然环境，抗联要生存，只能在深山老林中不停转战，经常要在衣食无着的情况下，在冰天雪地中同强大而残酷的敌人进行殊死的搏斗。

危急的局面随着抗日战争的全面爆发而更加严峻起来。1937 年 7 月 7 日，日本发动全面侵华战争。为了巩固侵华战争的后方基地，日军大本营开始不断向东北增兵。到 1938 年，日本在东北的兵力已达 8 个师团，开始全力围剿东北抗联。

在加紧对东北抗日军民进行血腥“讨伐”的同时，日本侵略者还采取了许多法西斯的政策与措施，其中最主要的就是在东北推行的归屯并户。

所谓“归屯并户”，就是日军把散居在游击根据地的农户强制迁到大的屯子中，绕着屯子建围墙、挖壕沟，并派部队警戒。合并起来的大屯，其实就是集中营，被中国人称为“人圈”。日军试图以坚壁清野的手段，断绝抗联部队和群众的联系。

亲历过当时困难时期的抗联战士说，当时东北抗联战士有三种死法：第一是被打死，第二是冻死，第三是饿死。

自 1938 年下半年，抗联陷入了极端艰难困苦的时期，各方面军都蒙受了巨大损失。

除了残酷的战斗和恶劣的环境，抗联还有一个亟待解决的难题——他们已经与党中央失去联系很久了。

1934 年 10 月，中共中央带领红军开始长征，东北党组织与中共中央彻底失去了联系，中共驻共产国际代表团接手东北党组织的指导工作。抗联实际上受驻共产国际的王明及康生指挥。1937 年冬，王明等人回到延安，抗联与党组织的联系彻底中断了。更为严重的是，此前的 1936 年，中共满洲省委被中共驻共产国际代表团撤销，东北党组织和抗联各部长期处于分割状态，各自为战。

失去了党的统一领导，抗联各部像断了线的风筝。

实际上，抗联各部始终没有放弃与党中央恢复联络的努力。1936年年底，杨靖宇派出三师西征，最大的任务就是突入关内寻找党中央，可惜功败垂成。

1937年年底，时任抗联第三军军长的赵尚志带领6名警卫员进入苏联境内。此行一方面是想通过苏联与党中央接上联系，另一方面则是争取苏联对东北抗日斗争的援助。

赵尚志曾是黄埔军校的学生，当时的苏联远东军区司令布留赫尔元帅曾在黄埔军校授过课。有了这段师生之谊，赵尚志本来满怀希望能够得到布留赫尔的支援，没承想，他刚一入境就被缴械扣押，没有任何理由地被关押了一年多。

赵尚志过境多日不归，抗联六军军长戴洪宾率五百名抗联战士进入苏联寻找赵尚志，结果被苏军缴械，绝大部分人被遣送新疆。

但是到了1939年，苏联远东军对抗联变得热情起来，他们派人主动联络抗联，并积极表示会给予抗联各方面支援。

苏联对东北抗联态度转变，是国际形势变化使然。这一年，德国法西斯入侵波兰，第二次世界大战爆发。与欧洲相隔万里的远东地区也不太平，苏联和日本在中蒙边界打了诺门罕战役。苏联方面虽然在诺门罕取得了巨大胜利，却也无意扩大战果。欧洲形势的巨变，让苏联更加需要远东地区的稳定。一直与日军坚定战斗的东北抗联，成了苏军的协同盟友。于是，从 1939 年开始，苏联远东军对抗联频频主动示好。他们释放了赵尚志，给抗联提供食物、药品、武器的支援，对抗联部队过境也大开方便之门。抗联领导干部召开的会议，都被安排到苏联境内的伯力。

1940 年，苏联远东军联络官给抗联领导人发来了伯力会议的通知，中共代表将主持召开这次会议，解决党组织和目前游击队运动的一切问题。会议通知也向抗联第一路军传达出去，只是，那时杨靖宇已经永远收不到这份通知了。

“不必多说，开枪吧”

1939 年冬，东北抗联损失惨重，经历了最大规模的战斗和非战斗减员。原本编制有 11 个军的抗联七零八落，主力只剩重新整编的三支：南满的抗联第一路军、吉东的抗联第二路军和北满的抗联第三路军。而此时的抗联第一路军，已经由高峰时的三四千人，锐减到数百人。情急之下，杨靖宇部队决定化整为零，分散突围，待机重新集结。

1939 年 12 月时，杨靖宇身边尚有四百余人的抗联部队，而到 1940 年 2 月 15 日早晨，当杨靖宇再一次被敌人发现时，他身边就只有 6 名战士了。一场激烈的战斗之后，敌人被打死 1 名，打伤 6 名，陷入一片混乱。杨靖宇带着战士们暂时脱身。

这是杨靖宇牺牲前指挥的最后一次战斗。此后，杨靖宇又让警卫员黄生发、司务长刘福泰等 4 名伤员转移，他身边只留下朱文范、聂东华两名战士，向着伤员转移的相反方向走去，以引开敌人追兵。

2月18日，朱文范和聂东华在濛江县大东沟购买食物时，被敌人发现。朱文范、聂东华与敌人激战半个小时后牺牲。敌人从他们身上搜出手枪、现金、表、钢笔、口琴和杨靖宇的印鉴，断定杨靖宇就在附近，于是增派兵力展开围捕，甚至派出了飞机从空中侦察支援。

自此，杨靖宇开始了孤身一人与数百敌人周旋的五天五夜。

2月22日，筋疲力尽、饥饿难耐的杨靖宇在保安村以西的山里遇到4个打柴人，恳求他们回村给自己带点食物和棉鞋，还答应多给钱。打柴人之一的赵廷喜见杨靖宇几天没有吃饭，脸上、手上、脚上都是冻疮，就劝他说："我看还是投降吧，如今满洲国不杀投降的人。"赵廷喜哪里知道，岂止不杀，如果杨靖宇投降，日本人还打算让他出任伪满洲国军政部长，利用杨靖宇的影响制服东北抗联。

孤身一人的杨靖宇沉默了一会儿，对赵廷喜说："老乡，我们中国人都投降了，还有中国吗？"

赵廷喜他们答应回村给杨靖宇弄点吃的。谁知在回去的路上，他们遇见了铁杆汉奸李正新。被连哄带吓，赵廷喜说出了此事，随后又给大批日伪军警充当向导，带着他们向杨靖宇所处的位置围拢过去。

杨靖宇没有等来老乡送的粮食和棉鞋，却等来了追击的敌人。

在日本人出的《满洲国治安小史》中有一段对话，描述了杨靖宇的最后时刻。

当日军指挥官西谷喜代人指挥日军和伪满军警向杨靖宇将军靠

近时，他下令部队停止前进，然后开始喊话："君是杨司令否？"试图劝降。但是杨靖宇凛然回道："不必多说，开枪吧。"

枪声响了将近半个小时。

"西谷一声令下'打死他'，随着机枪射手勾动了扳机，杨倒下了。"

那个机枪手叫张奚若，又是抗联的一个叛徒。

洪流

进入苏联境内的东北抗联余部，整编为抗联教导旅，这些百战余生的铁血老兵，是这支英雄的部队留下的火种。

1945 年 8 月 8 日，苏联对日宣战，出兵中国东北。抗联教导旅成了对日寇最后一战的先遣队。他们或跳伞空降，或在苏军中担任向导和突击队，杀回了东北。

据周保中日记的记载，抗联教导旅共有 700 多名战士率先杀入国内，这是教导旅的主力，也是东北抗日联军最后的老底子。最后活下来的，周保中记下的数字是 362 人。

9 月 10 日，随同苏军司令部到达长春的周保中，接到了一封渴盼多年的电报，冀热辽军区李运昌部的先头部队曾克林已率三千人进驻沈阳。发电人是已经到达沈阳的冯仲云。

抗联终于和中央接上了关系。

9 月 18 日，新成立的中共中央东北局领导人彭真、陈云等人到达沈阳。20 日，周保中等抗联领导也赶到了沈阳。当晚直至 23 日清晨，周保中向东北局汇报了抗联的情况。14 年浴血苦战，讲述了足足两天两夜。

彭真感慨万分：“在我们中国共产党人二十多年领导的革命斗争中，有三件最艰苦的事。第一件：红军的二万五千里长征；第二件：红军长征后，南方红军的三年游击战争；第三件：东北抗日联军的十四年苦斗。”

1945 年 11 月 3 日，中共中央决定：将由抗联队伍发展而来的东北人民自卫军和挺进东北的八路军、新四军部队一起组成东北人民自治军，也就是日后驰骋中国南北的东北野战军、第四野战军。

至此，东北抗日联军完成了全部历史使命，余下的300多名老兵，投身到澎湃的历史洪流中。

本文来源：2018 年 7 月 18 日《北京日报》13 版、16 版

燕云泣血录

全民族抗战拉开帷幕

唐 铮 侯健美

1937 年 7 月 29 日，清晨。

北平城里的老百姓度过了难熬的一夜。

从 28 日一早便响起的枪炮声整整一天都没有中断。头天晚上，巡警挨门挨户地通知，叫把窗户缝儿、门缝儿都塞好了，防着日本人的飞机夜里放毒气……

一大清早，一些胆子比较大的老百姓赶到北平城城墙下，想看看战况究竟如何。奇怪的是，往日紧闭的城门此刻洞开，四周一片静悄悄，不见了中国守军的一兵一卒。

这时候，住在西单牌楼左近胡同的朱自清接到了朋友打来的电话："宋哲元、秦德纯昨儿夜里都走了！北平的局面变了！就算归了敌人了！"

一夜之间，北平城里的老百姓就仿佛从天上摔到了地下。从这一天起，北平城开始了八年的沦陷岁月。而这一天，距离七七事变刚好三个星期。

“七七”之后

1937 年 7 月 7 日午夜时分，日本驻北平特务机关长松井太久郎给冀察政务委员会外交委员会打电话，诡称有日军陆军一中队夜间在卢沟桥演习，听见由驻宛平城内驻军发枪数响，致演习部队一时呈现混乱，一名士兵失踪，要求进入宛平城搜索。二十九军军部拒绝了日军的无理要求，并答复说，卢沟桥是中国领土，日本军队未经我方事先同意便在此演习，已经违背了国际公法，妨害我国主权，走失士兵我方不能负责。

中日双方军队的交涉一直持续到 7 月 8 日凌晨 5 时许，日军随后下令向卢沟桥一带的中国军队发起攻击，并炮轰宛平县城。当日晚上，中国守军第二十九军第一一〇旅奋起抵抗，吉星文率团连续击退日军进攻。日军第三大队直扑龙王庙和附近的铁路桥。守卫桥头的二十九军只有两个排，终因寡不敌众，60 多名官兵全部壮烈牺牲。

随后，吉星文团的青年战士用绳梯爬出宛平城，出其不意地将日军的一个中队全歼在铁路桥上，重新把龙王庙和铁路桥夺了回来。

同在 7 月 8 日，中共中央发表了《中国共产党为日军进攻卢沟桥通电》，指出：“平津危急！华北危急！中华民族危急！只有全民族实行抗战，才是我们的出路！……全中国同胞，政府，与军队，团结起来，筑成民族统一战线的坚固长城，抵抗日寇的侵略！”同日，蒋介石电令第二十九军军长宋哲元：宛平城应固守勿退，并须全体动员，以备事态扩大。9 日，国民政府军事委员会电令全国备战，并令第二十六军孙连仲等部 4 个师归宋哲元指挥，支援第二十九军作战。

战事仿佛一触即发。

然而，箭在弦上之际，对决角力的双方却都暂时松了手。7月9日晨，第二十九军副军长兼北平市市长秦德纯与日本驻北平特务机关长松井太久郎达成了三项口头协议：一、双方立即停止射击；二、日军撤退到丰台，第二十九军撤向卢沟桥以西；三、城内防务由保安队接防，人数限制在300人之内。

随后几天，和谈在零星冲突中时断时续。宛平城城门紧闭，负责谈判的中方代表也得拽着绳子被人从城头上吊下去。中方对和谈的态度应该说是充满诚意的，因为希望尽可能以和平方式解决七七事变的，正是第二十九军军长兼冀察政务委员会委员长宋哲元。

宋哲元为何犹豫

七七事变将第二十九军军长宋哲元推到了历史的聚光灯下。对于他的一生，有人说是英雄——因为1933年那场荡气回肠的长城抗战，但也有人说他欺世盗名——因为他在“七七”之后的犹豫不决。

如果回过头来，再审视这段历史，只能说，将整个华北放在宋哲元的肩头，那一副担子，对他来说，实在是有些重了。

宋哲元曾经是抗日最坚决的将领之一。当时的二十九军上下，以抗日热忱闻名于全国，这与这位军长的默许不无关系。在1933年的长城抗战中，二十九军凭借大刀、手榴弹和不屈的精神，以近战、夜战歼灭日军3000多人，取得了喜峰口、罗文峪大捷，使得二十九军的大刀队扬威海内外。宋哲元也由此获得青天白日勋章。日本兵的钢盔上后来加了道可以上下活动的铁护颈，据说就是为了防备二十九军的砍头刀。

在宋哲元治下，二十九军战士吃饭前，要先唱《吃饭歌》：“这些饮食，人民供给；我们应该，为民努力。日本军阀，国民之敌；为国为民，我辈天职。”另外，二十九军还将袁世凯正式接受“二十一条”的5月9日定为“国耻日”。每逢“国耻日”，开饭时馒头上都印着“勿忘国耻”4个字，有时还让士兵禁食一天以提醒其勿忘国耻。

在这样鲜明的爱国教育之下，二十九军官兵的抗日情绪一直非常高。1937年春天的一件事情可以作为证明：那次宋哲元在南苑搞阅兵，请了各国驻华的公使和武官来观看。军队走完分列式后，军长宋哲元对他们提了个问题：“学员们，我们当前的敌人是谁？”

军队整齐划一，士兵们举手的举手，举枪的举枪，齐声喊道：“我们的敌人是日本人！”此话一出，高坐主席台的宋哲元和日本官员相顾无言，十分尴尬。正是那次阅兵之后，日本人给二十九军下了这样的评语：“抗日意识深入官兵，实为性质不良之军队。”

不过，在“七七”之后的10多天里，宋哲元却没有像4年前那样下死令抵抗，而是一直对日军妥协，竭力争取大事化小，小事化了。

七七事变爆发之时，宋哲元正在山东老家，得知事变发生后，他并没有立即返回任上，而只是让部下与日军虚与委蛇。直到南京方面派出了第二十六路军和庞炳勋、高桂滋部北上支援，并于7月9日、7月10日两次来电催促，宋哲元才在11日离开家乡，却依然没有返回华北军政中心的北平去筹划抗战，也没有到蒋介石令其开设指挥部的保定去指挥部队，而是直接前往天津，向日军新任司令官香月清司求和，并拒绝了中央军的北上增援。

宋哲元对日军的微妙态度起源于 1933 年的长城抗战，这场战争让他清楚地认识到了中日双方在战斗力上的悬殊。

何况，卢沟桥事变发生后，南京国民政府下令“应战而不求战”，根本看不出要发动全国抗战的决心。在军械不足的情况下贸然与日军火拼，会使自己的二十九军伤筋动骨，甚至还很可能会丢掉华北的地盘。

二十九军当时共辖 4 个步兵师、1 个骑兵师、1 个特务旅和 2 个保安旅，共有兵力 73800 多人，主力是三十七、三十八、一三二、一四三 4 个师，但因为装备落后，总战斗力尚不及日军一个师团。不过，当时宋哲元的排兵布阵颇为讲究。主力 4 个师的部署宛若一只巨大的“三叉戟”，西侧，是张家口的刘汝明第一四三师；东侧，是天津的张自忠第三十八师；正中央，包括北平和北平以南直到保定，是冯治安的第三十七师。这是三叉戟的三个刃。前面还有一个独立第三十九旅作为屏障。三叉戟的柄，则是河间、大名一带担任预备队的赵登禹第一三二师。

在局势尚不明朗的情况下，宋哲元选择了按兵不动，并抱着和谈的希冀。7 月 11 日晚 8 时，日本驻北平特务机关长松井与中方代表秦德纯终于签订了《卢沟桥事件现地协定》。刚刚赶回天津的宋哲元长出了一口气，以为事态将就此平静下去。他还不知道，日本国内正是在此时作出了关键决定，并最终将战争推到不可逆转的浪尖。

7 月 17 日，日本人做了最后的决定。当日上午的五相会议上，决定了以 7 月 19 日为最后期限，和中国进行“有限期谈判”，并在 19 日动员 3 个师团进入华北。

随后，蒋介石收到了从日本发来，不啻作战通牒的“有限期谈判”通电，这封挑衅意味十足的通电，促成了自九一八事变以来，国民政府第一个口气强硬、态度明朗的政策性谈话。

在被后人称为“庐山谈话”的《对卢沟桥事件之严正声明》中，蒋介石称：“和平已非轻易可以求得……如果战端一开，那就是地无分南北，年无分老幼，无论何人，皆有守土抗战之责任，皆应抱定牺牲一切之决心。”

这时，战争终于不可避免，但二十九军已然失去了应敌的最好时机。

到 20 日，日军作战部队全部部署到位，把宋哲元的“三叉戟”死死钉在了华北大地上。无论补给还是调动，北平的中国军队都必须在日军的刺刀下仰人鼻息。

千钧一发

七七事变之后，北平城里的情势一分为二。澎湃的抗日热潮与平静的市民反应奇特地混合在一起。

尽管守卫卢沟桥的中国士兵都分到了市民们冒着酷暑送来的大西瓜；尽管北平各界救国会等 20 余个团体共同发起捐献一万条麻袋、一万件背心的运动；尽管九一八事变后流亡到北平的东北学生举着

"慰劳团"的标语四处游行，希望二十九军将士保家卫国，以免北平成了第二个东三省——但还是有很多人和宋哲元一样，相信仗是打不起来的。

年仅 19 岁的黄仁宇当时是南开大学一年级的学生，和许多爱国青年一样，他想参军报国，但是被他的父亲劝阻。黄仁宇在《黄河青山》中记录了父亲的观点："没有宣战的战争，可能随时会被好战分子所终止……"

根据宋哲元的命令，从 7 月 14 日开始，北宁铁路列车运行正常化，北平戒严也随之解除。尽管城里一些重要的十字路口，出现了用沙包修筑的临时工事，还常见三五士兵在其内架好机枪警戒，但宋哲元已经下令严禁二十九军与日军发生摩擦。

直到 7 月 23 日，天津《大公报》上，刊发了范长江的通讯《卢沟桥畔》，一触即发的大战气氛才见诸报端。

在文中，范长江真实地描述了二十九军官兵面临的残酷现实——没有担架兵、看护队、医官、野战医院等战争时应有的配备，对于将士的死伤救护束手无策。后方的交通运输、电讯通信等也没有做应有的布置，当日军组织起完备的铁路和汽车运输时，二十九军守军却全恃民夫们的毛驴和大车往返运输。

许多五六十岁的民夫，无偿把他们唯一的财产——毛驴贡献出来，不吃不喝地奔走运输，却毫无怨言。他们对守城将士说："这回国家事，不比往常，您要用，尽管招呼。什么时候要，什么时候准来。"

时任北平市卫生局局长的谢振平负责照料卢沟桥受伤的 800 多

名官兵，这位曾在二十九军担任过军医的卫生局局长仍与军队有着密切联系。卢沟桥事变后，他常跟家里人说：“我虽已脱军装，但仍将与北平市共存亡。”他悄悄地把卫生局清洁队组织成一支战斗队，还专门打造了一批“钩镰枪”当作武器，以备巷战。这种“钩镰枪”其实是中国宋代军队的发明，前端一个大铁钩子，专门用来对付敌方骑兵。为此，谢振平在北平沦陷后被日军逮捕，后来惨遭杀害。他精心准备的“钩镰枪”战斗队最终也没能发挥作用，因为决战是在一方精心调配而另一方仓促应对之下打起来的。

1937 年 7 月 26 至 27 日，日军指挥官香月清司先后向宋哲元提出撤军要求及48小时通牒，但未待期限届满即于28日凌晨发动总攻。

当天深夜，宋哲元无路可退了。他与二十九军的将领一致表示，决心固守北平，誓与城垣共存亡。随后，宋向全国各界发表了自卫守土通电，称“国家存亡，千钧一发”。

这时，中日双方军队的注意力已经全部集中到了北平的南方。这个地方，就是南苑，二十九军在北平南方的大本营。

如果说宛平城是北平南方大门的锁，卢沟桥是锁钥，那么南苑就是这扇大门的门枢。所以，即便丢了宛平，只要这个门枢还在，二十九军依然可攻可守，但一旦丢了南苑，整个大门就会轰然倒下，北平就完全变成了日军的掌中之物。

在香月清司作出的总攻计划里，整整一个主力第二〇师团加一个步兵联队，全部用来攻打南苑。

无耻的出卖

这时，一个几乎与战争扯不上联系的书生，却意外地成了中日南苑交战的关键人物。

在来自中日两方面的记录中，都明明白白地记述着一个令人惊讶的事实——日军在进攻南苑之前，事先把消息透露给了二十九军。

根据当时日方华北驻屯军参谋长桥本通回忆，在预定27日开始进攻南苑的前两天，香月清司授意一名下属，偷偷到一位和二十九军关系密切的中国要员家中，转达了日军即将发动攻击的消息。

这个夹在日军和二十九军之间奔走的中国要员，就是当时冀察政务委员会的委员——潘毓桂。潘毓桂是北平城里赫赫有名的才子、著名电影明星李香兰的义父。潘的另一个身份是宋哲元的至交。宋的父亲原为潘父的幕僚，两家人两代相交，友谊深厚，因此宋对潘信任不渝，视作亲信。无论平时还是战时，潘毓桂始终可以自由出入二十九军军部，参与最高级别的会议，接触到最核心的机密。

所谓兵行诡道，怎么会在进攻前预先通知敌人呢？

香月清司作出这个决定，首先是因为他认为南苑之战已有必胜把握，无论二十九军是否提前知道，对战事的结果都不会造成影响。而更重要的一点是，香月认为二十九军属于远离国军嫡系的军阀部队，在当下的情势下不太会拼死作战。如果得知日军兵力，二十九军很可能会为了保存实力而自动撤离南苑。这样，日军可以兵不血刃地取得南苑要地。

但香月没想到的是，他所获得的实际利益要比想象中更为丰厚。潘毓桂不但完成了向二十九军通风报信的“任务”，更在参加完二十九军的军事会议以后，把二十九军反攻的全部兵力调动计划向日本人和盘托出，还指点日军在进攻南苑时要集中攻击缺乏训练的学生兵团驻地，以便事半功倍。

更可怕的是 27 日南苑激战之后，军部给佟麟阁、赵登禹突围的命令还没有到佟、赵二人手中，就已经到了日本华北驻屯军第二联队联队长萱岛的手里，这次潘毓桂的叛卖，直接导致了佟、赵两位将军的阵亡。

凭借这两次出卖行动，潘毓桂从此青云直上，在华北伪政权中先后任北平警察局局长、天津市市长等要职。战后，潘被逮捕，身上披挂写着“汉奸潘毓桂”的布条，一路从北平押解南下，沿途遭到万人唾弃。他最终的下场，是以“汉奸罪”被判处无期徒刑，于 1961 年死在狱中。

英勇的学生兵

7 月 27 日深夜，南苑战事打响。

由于潘毓桂向日军报告了二十九军的调动计划，日军发动袭击的时刻，正是南苑守军接防开始却尚未完成，最混乱软弱的时候。

当时，宋哲元已经认识到南苑的重要性，因此命令预备队赵登禹一三二师迅速进驻南苑，以新锐之师阻击日军的进攻。同时，鉴于三十七师战线太长，原驻守南苑大营的三十七师部队被调往北平方向以缩短战线。

7月27日，赵登禹率部到达南苑，急于赴战的他身边只带了一个团，另外，一三二师的另两个团刚到团河，主力部队尚在涿州，而三十七师各部正在撤离。

此时南苑的守军，包括第三十七师一部、佟麟阁副军长率领的军部人员和军官教育团、特务旅孙玉田部两个团、骑兵第九师郑大章部的一个团，还有由热血学生组成的一个学生兵团，共计7000余人。鉴于前几天双方的激战，二十九军方面认为日军还要休整四五天才能真正发起进攻。

战争打响。正如潘毓桂所建议的，华北驻屯军第一联队率先突击潘毓桂描述的守军软肋——南面的学生兵团驻地。

南苑的这场战事，是学生兵们遭遇的第一场战争，也是其中大多数人遭遇的最后一场战争。这些握枪刚刚半个多月的学生兵，最后大半死在和日军的肉搏战中。

学生兵的设置颇有些来历。1936年12月，北平、天津、保定城里贴出布告，二十九军要招生。这在普遍实行募兵制的当时，着实引起不小的轰动。布告上说，为给二十九军培养初级军官，特招收有志从军的青年人，要求是18岁以上，初中毕业学历，一经考试录取，学制至少两年。课程设置很全面，国文、数学、物理、化学、外语，待遇也很优厚，每月津贴3元，毕业后马上成为准尉军官。

招生布告一下，引来平、津、保地区青年学生的踊跃报名。最终招收了1500人，成立军事训练团。

军事训练团对学生兵的训练非常严格，毫不放松。训练时想去厕所得先报告班长，班长说："去吧！"学员一溜儿小跑，先跑到单杠区，至少扒 3 个杠子，再来个腰部回旋，然后才能去厕所。

1999 年，当中国人民抗日战争纪念馆的工作人员见到 100 多岁的张寿龄老人时，身为军事训练团教育长的他依然记得当年自己写下的战歌："风云恶，陆将沉，狂澜挽转在军人……"当时，1000 多名学生兵就是唱着这首歌，举着大刀冲向敌人的。由于军备紧张，学生兵们一直没有配备武器。直到"七七"之后，他们才真正被武装起来，每人发了 100 发子弹、4 颗手榴弹，每个班配备一把轻型机关枪，开始练习射击和投弹。当然，还有每人一把明晃晃的大刀。大刀都没开刃，刚发下来的时候，营房里着实热闹了两天。附近村子里的铁匠都被请进了军营，到处都是霍霍磨刀声。

学生兵的浴血抵抗，是日军遭遇的第一场硬仗。学生兵虽然伤亡惨重，却始终没有后退。据日军参战官兵的回忆，整个平津，打得最惨烈的就是南苑之战。即使是日军中著名的勇将、时任华北驻屯军第一大队大队长的一木清直，在卢沟桥事变发生一周年之际接受《朝日新闻》采访时，也不得不对学生兵在南苑的英勇奋战表示钦佩——"面对面地死战也不肯退却""中国兵甚至负伤几次依然冲上来拼杀"。

学生兵的坚守，使南苑这道阵地在中国军队手中多保留了近半天的时间。

血战

28 日凌晨，日军总攻南苑。

日军原以为可以轻取南苑，却在凌晨 4 时遭到了第一次惨败。

一木清直所率的日军冲进南苑守军的阵地，却在阵地上纷纷踩上了地雷，损失惨重。此前日军多次对南苑进行侦察，都未发现这里有布雷防御，这意外的打击使日军队形大乱。

地雷的威力，加上学生兵团异常顽强的抵抗，冲入南苑的日军各自为战，失去了统一的指挥。所以，当佟麟阁率领军官教育团和特务旅一部赶来反击的时候，指挥混乱的一木清直大队未经激烈战斗，就又被从阵地上赶了出来。

第一次攻击失败后，有些意外的第二〇师团师团长川岸文三郎赶到前线接替了指挥。28 日早 8 时，日军在猛烈炮火的掩护下，发动了第二次进攻。日军飞机也赶来助战，没有防空经验的二十九军守军损失惨重，通信系统完全被摧毁，日军迅速攻占了二十九军的第一线阵地，南苑阵地的外壕外墙被日军多处突破。

但是，二十九军的抵抗依然十分猛烈，日军寸步难进，死伤甚重。

由于遭到意外顽强的抵抗，川岸下达了两条对南苑之战结果至关重要的命令：第一条命令，是要求从承德起飞的轰炸机部队全力加强对南苑的轰炸和扫射；第二条命令，是要求日军驻扎在通县的预备队——华北驻屯军第二联队（萱岛联队）从通县南下，自侧背的东方夹击南苑守军。

下达第一条命令，是因为川岸看清了二十九军防空火力几乎为零的弱点。空袭非常有效，南苑在炸弹爆炸声中变成了一片火海。据参加过南苑战斗的二十九军官兵后来回忆，日军的轰炸令战士只能挨打，无法还击，军心迅速动摇。而第二条命令，则是因为川岸收到了潘毓桂的密报。

根据几位亲历者的讲述，如果用一个字描述南苑之战中二十九军的指挥，那就是“乱”。负责南苑防御的总指挥赵登禹对当地情况还来不及熟悉就投入了战斗，留给他的部队番号杂乱，开战后沟通不力，各自为战，混乱一片。

在军事训练团教育长张寿龄的回忆中，日本兵天上地下协同作战，电话线一早就被炸断了，四处都联系不上，军部也被炸得乱七八糟，副军长佟麟阁、一三二师师长赵登禹不知去向。心急的张寿龄率队四下寻找同伴，直到中午才得知军部有命令，叫马上转移，能进北平城的话进城，不能进城就去保定。接到命令后，张寿龄赶紧命各大队分散，利用青纱帐的掩护撤退。

而学生兵王俊峰则回忆说，战斗一打响就找不着班长和中队长了，后来听说教育长张寿龄抱了一挺高射机关枪在打飞机。大家一听很高兴，好歹还有高级军官在——其实，当时佟麟阁、孙玉田等将领都在战斗，只是相互失去了联系。张寿龄中午时分传达的撤退命令，直到下午才传到王俊峰等学生兵的耳朵里，就这也只是小道消息，没有正式军官进行传达。得知消息的学生兵便自发组织起来，三三两两地自行突围。

突围中，有人向南走，也有人向北走。其中南线为教导旅一部，当天在永定河与当地守军会合，后撤保定。北线为军部主力，佟麟阁、赵登禹均随此路突围。由于激烈的战斗以及部队中夹杂了大量的非战斗人员，突围后向北平撤退的部队队形混乱，各部长官实际已经难以掌握部队，从后来的资料看，突围中佟、赵之间也失去了联系。

这时，南苑守军撤退的路线沿途，已经排布好了日军的华北驻屯军第二联队。他们把机枪架在了道路两边的田地和村庄中，静候着退下来的南苑守军。

这又是被叛卖的结果。当时，赵登禹下达的撤退令并非擅自行事，而是执行宋哲元的命令。28日南苑遭到袭击，宋哲元料守军难以支撑，当日上午下令赵登禹率部撤离。但是，由于南苑通信系统都被日军摧毁，命令通过最近的三十八师部队派员冒死送达南苑时，已经过去了几个小时。

在这几个小时的时间里，命令的内容、军队的撤退路线，早已被潘毓桂转给了日军。因此，才有了川岸立即让驻屯军第二联队由通县转而前往大红门方向的命令。

这直接导致了赵登禹与佟麟阁两位将军的阵亡。

下午4时，南苑撤退下来的守军在大红门一带落入日军伏击圈。由于缺乏遮蔽，又没有防备，战斗很快演变成了单方面的屠杀，南苑守军共7000多名，最后伤亡5000余人，大部分就是在这里损失的。

此前，赵登禹将军在战斗中腿部中弹，转移途中其乘坐的黑色道奇轿车遭日军伏击。因车辆目标显著，遭机枪集中扫射，赵将军身中十余弹殉国。而佟麟阁则是先被击伤腿部，随后在带伤指挥部下突围时，头部再次中弹而牺牲。

这是二十九军平津抗战中最为惨烈的一幕，也是南苑保卫战的最后一幕。次日，宋哲元下令放弃北平，二十九军全线南撤。

本文来源：2010年7月13日《北京日报》17版、20版

孤岛擎天柱

“八百壮士”死守实录

黄加佳

1937 年 8 月 13 日，上海，中国军队与侵华日军在上海爆发了抗日战争中的第一场大型会战——淞沪会战。这也是整个抗日战争中进行的规模最大、战斗最惨烈的一场战役。

淞沪会战尽管以中国军队败退而告终，但还是打出了中国军民保家卫国、誓死抵抗敌军的决心。侵华日军“三个月灭亡中国”的狂言被粉碎——淞沪会战就打了整整 3 个月。

“八百壮士”死守四行仓库，无疑是这场悲壮、惨烈的战役中，中国军队最高光的一幕。那面飘扬在炮火之中的中国旗帜，那些视死如归的面孔，是抗日战争中不屈的中国军民的缩影。

留守就等于送死

1937 年 8 月 13 日，淞沪会战打响。中国军队以前所未有的英勇表现让全世界刮目相看，然而由于力量对比悬殊、中国军队在战略战术层面存在诸多失误等原因，两个多月后中国军队还是渐渐落于下风。

10 月 26 日，大场阵地陷落，战局急转直下，中国军队面临着被日军合围的危险，不得不放弃闸北、江湾一线，向沪西撤退。

当天清晨，第九集团军第八十八师师长孙元良接到上海战区最高指挥官顾祝同的电话。顾祝同说："委员长想要第八十八师留在闸北，死守上海。你的意见怎么样？"

强敌在前，蒋介石为何要第八十八师作出无谓的牺牲呢？原来，正值淞沪会战最激烈时，10 月 6 日，国际联盟召开大会，通过了国联理事会远东问题咨询委员会提交的关于中国事变的决议，并以正式文件的形式指责日本违反了《九国公约》和《巴黎非战公约》。决议决定，11 月初在布鲁塞尔召开《九国公约》签字国会议，就中日冲突的具体问题进行讨论。

蒋介石对这次会议寄予厚望。在他看来，赢得"友邦"的同情与干预是迫使日军停止进攻，坐下来和谈的最好办法。

为了向国际社会证明中国军民抗击外侮的决心，蒋介石将自己的主力部队悉数派到淞沪战场。

10 月底，坚持了两个多月的中国军队还是面临着全线溃退的局面。此时，距离布鲁塞尔会议召开，只有不到十天时间。蒋介石认为，在上海留下一支孤军坚持抵抗，对于赢得国际社会的同情，有很大帮助。

然而，作为一线将领的孙元良不能苟同。当顾祝同向他转达了蒋介石的指示后，孙元良沉吟片刻说："如果我们死一人，敌人也死一人，甚至我们死十人，敌人死一人，我愿意留在闸北，死守上海。最可虑的是，我们孤立在这里，于激战之后，干部伤亡了，联络隔绝了，在组织解体、粮弹不继、混乱而无指挥的状态下，被敌军任意屠杀，那才不值，更不光荣啊……"

孙元良担心电话里说不清楚，特意派师参谋长张柏亭前往顾祝同的司令部，当面陈情。一见面，张柏亭就婉转地表示，闸北一片平坦，毫无隐蔽，地形上不具备打游击的条件。而且，第八十八师已经补员 6 次，许多新兵甚至连枪都没放过。让他们分驻在上海各处据点，很容易被敌人打散。

张柏亭直率地说，部队留在闸北，兵力多是牺牲，兵力少也是牺牲；守多个据点是守，守一两个据点也是守，意义完全相同。不如留下一个团左右的兵力，固守一两个据点，也就够了。

顾祝同觉得张柏亭说得有理，让他立即回去转告孙元良，就照这样办，当晚必须部署完毕。

张柏亭回到师部时，孙元良正在室内来回踱步。原来，顾祝同已经来电话指示，让一个团留守闸北。不过，孙元良觉得留下一个团，物资供给很困难，不如就留下一个加强营，反而更为合适。思量再三，他决定让第五二四团副团长谢晋元率领一个营留下。

中午 11 点左右，第五二四团团长韩宪元将谢晋元和第五二四团一营营长杨瑞符叫到团部。杨瑞符记得，见面后韩宪元欲言又止，足足 20 分钟，一个字也没说。让自己的部下留守闸北，无异于让他们去送死，韩宪元实在说不出口。

最后，还是谢晋元告诉杨瑞符，师长决定让他俩率兵死守闸北。杨瑞符对韩团长慨然道："请团长放心，我誓以最后一滴血，为中华民族争人格……"

话音未落，韩宪元已紧紧握住他们俩的手。当时他们都没有想到，在一个半月后的南京保卫战中，韩宪元在南京光华门殉国。

是根据地，也是坟墓

27 日凌晨，大部队已经开始往沪西撤退，而谢晋元和杨瑞符则开始召集自己的队伍，到闸北集合。

当时，第五二四团一营的队伍分散在前线各处，杨瑞符手下只有两个传令兵。他最担心的是，自己的队伍稀里糊涂地跟随大部队撤走。

两个传令兵分头行动，追了一宿，只追回了第二连和第一连一排、二排。怕谢晋元等得着急，杨瑞符只好先带着这一个半连赶往四行仓库。

没想到，早上 9 点，其他队伍也纷纷赶来。杨瑞符一问才知道，原来他们事先不知道有新任务，跟着二营、三营撤走了。幸亏路上遇到了团部的人，才知道一营留守四行仓库，于是便匆匆赶了回来。

在当时的情形下，留守闸北几乎没有生还的可能。战士们接到命令后毫不迟疑地回到了自己的阵地，令谢晋元、杨瑞符非常感动。

淞沪战场到底有多残酷？冯玉祥这样回忆：

> 在上海战场上，一百里以外看着，半边天都是红的……我们的队伍每天一师一师地、两师两师地加入前线，有的师上去之后三个钟头就死了一半；有的坚持了五个钟头就死了2/3。这个战场是个大熔炉，填进去就熔化了。

此时，第八十八师早已不是淞沪会战刚刚打响时那个全部配备德国装备的精锐部队。战争爆发后，第八十八师10月底已经补员6次。

这次补充到谢晋元麾下的战士来自湖北保安团。据统计，留守在四行仓库的452人中80%是湖北人。这些湖北新兵，虽然很多人是第一次上战场，但他们却在四行仓库谱写了抗战以来最激动人心的乐章。

四行仓库是由金城、中南、大陆、盐业四家银行共同出资建造的货物堆栈，是这一带最高的建筑。由于这里存放的是银行客户的物资，所以建造得异常坚固。

孙元良选四行仓库作为孤军死守的据点，一来是因为它不但坚固易守，而且粮食弹药存量充足，连饮用水也有很大储备量；二来是因为它地理位置独特：四行仓库位于苏州河北岸新垃圾桥（今西藏路桥）以西，与公共租界隔苏州河相望。根据条约，中日之间的战火不能烧进租界。日军怕弹药落入租界，也不敢朝租界方向猛攻。同时，从四面八方汇集来的各种物资，也可以通过公共租界送入四行仓库。这里绝对是一个易守难攻的地点。

部队到齐后，谢晋元发现四行仓库的大门太大，必须赶紧做防御工事，否则根本守不住。

一连连长上官志标回忆，他们将四行仓库 1 至 3 层的所有窗户和门一律封死，南面墙角堆积了 5 米厚的麻包，北边各门口是敌人主要攻击方向，堆了 10 米厚的麻包。麻包一直从地面堆到天花板，幸亏四行仓库中存放着大量装满大豆、小麦和羊皮的麻包。即便这样，4 层还是因为材料不足，没有做防御工事，只是在外面做了一些诱敌设施，引诱敌人消耗弹药。

四行仓库 5 层（共 5 层）对面是交通银行，当时已经被敌人占据为攻击据点，但由于交行大楼只有 4 层，所以四行仓库对敌人还是有高度优势的。

同时，战士们在四行仓库与大陆银行底层隔墙开凿通道方便往来穿行。如果日军围攻仓库，孤军可以在仓库内部调动人员，抵抗各方进攻的敌人。

为了方便与四行孤军联系，掌握闸北战况，蒋介石特意指示为四行仓库送来四部电话机。

曾到四行仓库送电话机的文强回忆，当他来到四行仓库给谢晋元送电话机时，四行仓库的工事已经布置得井井有条。分手前，谢晋元从日记本上撕下一页纸写道：“永保长城万里在，留得丹心照汗青。”可见，他当时已经抱定了必死的决心。

一切准备就绪。谢晋元将全体将士召集到一起，慨然说：“国家兴亡，匹夫有责。我们是中国人，要有中国人的志气。现在我们四面被日军包围，这仓库就是我们的根据地，也可能是我们的坟墓。只要我们还有一个人，就要同敌人拼到底！”

最后，他当场立下遗嘱：“余一枪一弹，誓与敌周旋到底。流最后一滴血，必向倭寇取相当代价。”

初战告捷

27 日拂晓，中国的主力部队已经撤往沪西。也许是听说部队撤走了，老百姓拖家带口，四散奔逃。杨瑞符从四行仓库向外望去，垃圾桥上的难民如潮水一样涌来，可看到前方着起大火，他们又茫然地停了下来。那一刻，人命真如草芥一般。

此时，四行仓库中的战士们已经各就各位。三连一个排守大门；二连两个班守敌人主要进犯方向——满洲路（今晋元路）中段；二连其他人守楼梯和二楼朝北方向的窗口；四连守楼顶防空；一连对付西北方向来的敌人；其余的相机行事。

时间一分一秒地流过，日军如蝗虫般渐渐向四行仓库逼近。七点半，日军占领北站，向北站大楼进攻。八点一刻，日军占领北站大楼，并在楼顶插上了太阳旗。十点左右，四行仓库西北两面着火。

下午2点，一支打着太阳旗的日军小分队，从满洲路方向走来。“八百壮士”幸存者章渭源回忆：“敌人鬼鬼祟祟像是打怕的狗，向路两边民房乱放枪，还入内大肆劫掠财物。待其至我军射程之内时，我军出其不意，用两挺机枪一阵猛扫，这小股敌人全部被消灭。”

此时正在蒙古路上巡逻的日军闻声赶来。他们见到满地尸体，立即卧倒用机枪猛烈扫射。过了一会儿，他们见没有动静，刚一露头，就被驻守在四行仓库外围阵地的战士们击毙了。

连续消灭两股敌人，战士们士气大振。此时，谢晋元提醒大家，敌人肯定要发起一次大规模的进攻。他让传令兵告诉驻守在外围的蒋敬班长，敌少则就地消灭，抵抗不住就立即退回仓库，诱敌深入。

果然，不一会儿，100多名敌人在一辆坦克的掩护下，从满洲路方向气势汹汹而来。敌众我寡，全班负伤过半，子弹和手榴弹也很快用完了。正准备率队撤回的蒋班长突然中弹，他向想要背他撤退的副班长大喊：“快撤，我来掩护，这是命令！”随后，手握两颗手榴弹，与冲在最前方的鬼子同归于尽。

蒋班长为战友们赢得了撤退的时间。当战士们安全撤回，守门的三连战士将最后一个沙包垒住大门时，鬼子已经冲到门前。此时，负责把守大门的三连连长石美豪面部被子弹打穿，满脸是血，但仍用毛巾捂着，不离阵地。

谢晋元见来犯的鬼子都已经进入火力攻击范围，一声军号吹响，埋伏在路边民房和仓库各楼层的战士一齐开火，机枪、步枪居高临下，弹无虚发，再加上设在高层楼上的重机枪连续扫射，敌人立足未稳就被击毙了。

敌人凭借坦克掩护向四行仓库大门冲来。关键时刻，守在5层的敢死队成员陈树生把炸弹和手榴弹绑在身上，拉断弹弦从窗口一跃而下，跳到坦克上。一声巨响，陈树生与敌军坦克同归于尽。

四行孤军与日军的第一天战斗，大获全胜。经过一整天的激战，日军伤亡惨重，四行孤军只阵亡2人，伤4人。

当时，苏州河南岸挤得水泄不通，前来观战的上海市民多达几万人，其中也不乏各大媒体记者。当天傍晚，许多报纸以“号外”的形式报道了四行仓库孤军与敌人激战的新闻。记者和苏州河对岸观战的所有上海老百姓都激动得热泪盈眶，连租界里的外国人也不禁跷起大拇指。公共租界万国商团司令斯马莱特说：“我曾参加过欧战，但从未见过像中国这样英勇善战的军队。”

当天晚上，一名外国记者通过英租界递进来一张纸条，问四行仓库守军有多少人。为了自壮声势，谢晋元不假思索地答复：“八百人。”由此，才有了“八百壮士”的英名。

献旗壮举

“八百壮士”第一天的英勇表现，让所有中国人心潮澎湃。然而，人们绝不会想到，更加激动人心的一幕马上就要上演了。

10月29日清晨，上海市民发现四行仓库楼顶飘扬着一面巨大的中国国旗，在四周插满的太阳旗中间，分外夺目。那一刻，“八百壮士”和这面飘扬的旗帜，永远定格在人们心中。女童子军杨惠敏冲破敌人封锁线，为四行孤军献旗的故事，也成为四行仓库保卫战经久传颂的佳话。

虽然杨惠敏和许多当事人对“献旗”事件有过很多详细的描述，但流传在民间的叙事，跟当时的实际情况还是存在着微妙的差异。

在杨惠敏的自述中，献旗之举似乎完全出于她个人的一时壮举。据她回忆，27 日夜里，她一个人漫无目的地走到四行仓库对岸。看着身陷日本太阳旗包围的四行仓库，她想，如果能在四行仓库插上一面中国国旗，那么对四行孤军和全体中国人民将是极大的鼓励。

于是，杨惠敏回到家。第二天晚上，她将一面国旗紧紧缠在身上，外面罩上制服，前往四行仓库。她在敌人进攻的间隙，匍匐前进，爬过马路，爬过铁丝网工事的缺口，到达四行仓库的东侧楼下。这时，谢晋元和战士们都在等着她。当杨惠敏脱下外套，将浸透了汗水的旗帜呈献给战士们时，大家都激动得流下了眼泪。

不过，随着更多资料的披露和当事人回忆的整理，发现献旗并非杨惠敏个人一时壮举，而是谢晋元与上海市商会共同策划的行动。

28 日清晨，谢晋元让通信兵拨通了上海市商会的电话，要求商会为他们支援粮、油、盐和一面国旗。上海市商会接到谢晋元的电话，异常兴奋，立刻通过广播电台，呼吁租界内的上海同胞支援四行孤军。得到消息的上海市民沸腾了，不到一天就募集了 10 大卡车物资。

同时，上海市商会把“献旗”的任务交给了上海童子军团，童子军团团长将任务布置给 41 号女童子军杨惠敏。

献旗路线是经过周密策划的。四行仓库北、西、东三面都是厚墙，唯有南面有窗户。四行仓库的东边和苏州河南岸属于公共租界；仓库东南方向苏州河上，有一座垃圾桥，连接苏州路与北苏州路，桥的西北角有英军把守。仓库东南角墙外是一家纸烟店，战士们将墙壁凿穿，经由这里与外界联系。

曾经参与28日夜间向孤军运送慰问品的上海童子军理事郑昊樟回忆："大量慰劳品逐渐堆积在泥城桥北岸的东边，为避免敌人察觉，我们分派了几个人爬到马路西边。在那儿，我们精忠的斗士正候着我们……我们用绳索把东西两面联系起来，东边的慰劳品系上绳索，西边的人们便把它们拉过去。"

最后，纸烟店里的6位士兵，把他们传过去的慰问品一包一包地往里搬。可见这条路是一条安全通道，杨惠敏应当也是通过这里，进入四行仓库的。

不可否认，杨惠敏是一名勇敢的女性。她只身犯险，给"八百壮士"献旗的形象，成为不屈的中国军民的缩影，但29日飘扬在四行仓库上空的中国国旗，并不是杨惠敏送去的那面，送旗者另有其人。

1966年，担任上海市商会童子军战时服务团第五〇团团长的叶春年应上海文史馆之邀，写过一篇名为《给四行仓库送旗的经过》的文章。

据叶春年回忆，一天中午，杨惠敏来到市商会，她说自己曾给仓库守军送过一面国旗，但是尺寸太小。于是，商会选了两面尺寸最大的国旗，用牛皮纸包好。叶春年特地回家，把家里一根最大最粗的竹竿，拿到战时服务团团部。

当天夜里，叶春年与胡惠祥等 6 位团员，童子军理事会赵邦镛、郑昊樟和《立报》馆记者白广荣乘卡车，来到新垃圾桥东面的路口。当时，四周寂静无声，叶春年第一个匍匐穿过桥面到达仓库旁边的纸烟店。当时，纸烟店卸下了一块排门，几名战士站在柜台上，接受了他送去的大旗和一根长竹竿。第二天早上，飘扬在四行仓库楼顶的，就是其中的一面。

那天晚上白广荣连夜赶写送旗和物资的报道。叶春年坚决要求不要提到自己。他考虑到自己还要在日本势力范围内进行抗日活动，如果暴露不利于继续工作，而杨惠敏只是一名普通的童子军团员，即便宣传出来，日本人也不会注意到后面的组织。因此，多年来杨惠敏成为唯一的献旗英雄。

《立报》记者不忍心埋没二次送旗的壮举，在 10 月 29 日的报道中写道："昨晚（28 日）市商会派女童军送赠国旗一面，他们已把它挂在窗口，半夜里又有人送去巨大国旗两面，今晨飘扬于四行仓库顶上……"

这段文字暗示，杨惠敏送去的国旗尺寸太小，因此商会连夜又派人送去两面巨大的旗帜。

29 日清晨，当租界里的上海市民看到飘扬在四行仓库楼顶的国旗后，奔走相告，士气大振。当时报纸报道："29 日晨有数千人赴往西藏路泥城桥及新闸地区向北遥望，瞻仰我国及忠勇将士……自朝至暮，瞻望群众约达 3 万余人。"

攻不下的四行仓库

见四行仓库楼顶飘扬起中国国旗，日军恼羞成怒。29 日，他们发起了更加疯狂的进攻。

杨瑞符在战地日记中记录，当天中午 12 点，敌军四五辆坦克封锁了四行仓库以北的主要路口，企图掩护其步兵实施围攻。

各连战士一面赶筑工事，一面用机关枪扫射敌寇，阻止他们靠近仓库。

与此同时，在苏州河南岸的民众，时刻关心着敌人的动向。不时有人往仓库打电话报告军情：“大队敌人，准备在今日午后 2 时，向四行仓库总攻，希望你们多加注意。”

连驻守在租界内的英军也打来电话说：“敌人将开始向你们总攻了，希望你们赶快离开此地，保存实力。”

“八百壮士”早已抱定了必死的决心。29 日上午，谢晋元给孙元良的信中写道：

> 职以牺牲之决心，谨遵钧座意旨，奋斗到底。在未完成达到任务前，决不轻率疏忽，成功成仁，计之熟矣。工事经三夜加强，业已达到预定程度。任敌来攻，绝不得逞。廿七日敌再度来攻，结果据瞭望兵报告，击毙八十人以上。昨日晨六时，职亲手狙击，毙敌一名，河南同胞望见，咸拍掌欢呼。现职决心待任务完成，作壮烈牺牲。

这不单是谢晋元的决心，也是全体四行孤军的决心。

下午 2 点，敌军的总攻果然开始了。

日军的九四式轻型坦克，炮口只有 37 毫米，根本无法轰垮四行仓库。情急之下，两辆坦克竟然直接撞向四行仓库，结果被守军用手榴弹和迫击炮炸毁。

相持了一个多小时，敌军毫无进展。下午三点半，日军派来两艘武装汽船，从黄浦江驶入苏州河老闸桥，企图封锁守军与租界之间的联系。同时，天空中飞来两架敌机，往来盘旋，加以掩护。为了对付“八百壮士”，敌军将海陆空力量全用上了。

苏州河水道狭窄，两岸停泊着许多民船。日军不时用枪恫吓，让民船让路，可从四面八方闻讯而来的民船，还是将苏州河堵了个水泄不通。有人趁此机会，将一张标注了日本船位置的地图送到四行仓库。

此时，谢晋元派士兵从纸烟店窗口向对面的英军喊话，不能让日本汽船开过来，如果敌船开到西藏路桥，守军就开火，炮弹落入租界，只能由英军负责。

下午 4 点，英美法外交人员和万国商团等组织的人，赶到老垃圾桥，劝阻日船不要前进。可日本军官却以“我军已占领闸北，有权行驶于苏州河”为由，拒绝了他们的要求。租界当局生怕流弹飞过苏州河，坚持不允许日船通过。

日军本打算水陆夹击四行仓库，结果遭到租界当局强烈反对，只好作罢。5 点钟左右，两艘日本汽船掉头返回。

下午6点，天色渐渐暗下来，谢晋元料到，敌人肯定会趁黑夜再次发起进攻，连忙命令各瞭望哨留神。果然，不久他们就发现，敌人在仓库西北挖地道，要炸毁仓库大墙。

经过磋商，他们决定用照明法对付敌人。所谓照明法就是把手电筒绑到一根大竹竿上，伸出窗外，如果发现敌人，另一战士就投掷手榴弹。不过，这种方法容易暴露。排长尹求成刚把手电筒伸出仓库窗户，就遭到敌人机关枪扫射。于是，他们想出用棉花打成粗捻子，浸油点燃后往下扔的法子。

这一天，敌人从早到晚派出六七百人，向四行仓库发起猛攻，但是都被“八百壮士”击败了。

无奈撤退

在“八百壮士”与日军激战的四天四夜中，最先吃不住劲的是上海租界当局。

上海租界是第一次鸦片战争的产物，西方列强在租界中建立了独立于中国政权体系之外的一套行政区划和管理机构。经过近百年的经营，西方各国在租界中有数量众多的侨民和财产。

淞沪会战打响后，他们最担心的是战火烧到租界。距四行仓库几十米外就有一个煤气公司的大煤气罐，一旦流弹击中煤气罐，后果不堪设想。

10月29日，各国驻华使节团向国民政府正式递交照会，要求基于人道主义考虑，下令四行仓库守军撤离。

经过两天的考虑，10 月 31 日，蒋介石电令第八十八师师长孙元良，命令四行守军撤离。

蒋介石派孤军苦守四行仓库是为了向国际社会表明中国军民抗日到底的决心，从而赢得国际社会的同情和支持，但 10 月底布鲁塞尔会议召开前，中国外交人员已经看出，西方列强根本没有遏制日本的打算。而将铁蹄踏上中国领土的日本公开表示，拒绝派代表参加布鲁塞尔会议。日本拒绝出席会议，调停也好，交涉也好，全都无从谈起，与会各国干脆宣布休会。此时，再让“八百壮士”死守四行仓库，已经没有任何意义。不如顺应国际社会和国内民众的呼声，让他们撤出来。

10 月 31 日下午 2 时，公共租界万国商团司令斯马莱特、上海代市长俞鸿钧、第八十八师副师长冯圣法、淞沪警备司令杨虎和第八十八师参谋长张柏亭，在杨虎位于法租界环龙路（今南昌路）的家中，召开了关于孤军撤退事宜的会议。

一见面，斯马莱特就用生硬的中国话说：“八十八师呱呱叫，顶好！”

杨虎传达了蒋介石的撤退令，并且对斯马莱特表示，必须有英军协助，四行孤军才能安全撤离。斯马莱特说：“我的部队与贵师官兵，数月来隔河相望，我们已经是好朋友，四行守军撤离，我当全力支持负责掩护，但不知你们要我怎么做？”

张柏亭表示，四行孤军唯一的撤退路线是跨过苏州河，经由租界前往沪西归队。日军在国庆路方向，设有机枪阵地并有探照灯，封锁着四行后门的北西藏路，所以孤军撤离，必须有英军的掩护。

冯圣法强调：“孤军撤离绝不是战败退却，或者逃跑遁走，而是应友邦人士的请求奉命撤离，此点须请斯马莱特将军特别了解。”

斯马莱特站起身来，拍拍杨虎的肩膀说：“你们放心！杨司令是我多年的好朋友，你们若信不过我，总该相信杨司令。”

可是，后来孤军撤到租界，并没有享受到应有待遇，斯马莱特却一句话也没有说。

谈妥之后，张柏亭当晚拨通了谢晋元的电话。当听到撤离的命令时，谢晋元非常惊异。他激动地说：“全体壮士早已立下遗嘱，相誓与四行最后阵地共存亡，但求死得有意义！但求死得其所！请参谋长报告师长，转请委员长成全我们！”

张柏亭和冯圣法轮番开导谢晋元、一连连长上官志标和营长杨瑞符。可他们态度十分坚决，张柏亭隐约听到，电话中对方“声泪俱下”。

然而，军人以服从命令为天职。谢晋元最终还是接受了命令，率领部队撤离四行仓库。

午夜时分，日军的探照灯将四行仓库附近照得犹如白昼。据上官志标回忆，驻守在新垃圾桥的英军，用小钢炮击毁了日本人的探照灯。四行守军趁夜色冲过北西藏路，但日军的机关枪早已标定射击，探照灯被毁后，他们开始疯狂射击，营长杨瑞符就是在这时被打伤了大腿。

在英军是否按照承诺协助“八百壮士”撤离的问题上，有许多截然相反的说法。据《大陆报》报道，当时英军并没有如事先承诺的那样，用火力压制日军，协助“八百壮士”撤退，而只是躲在碉堡中向外瞭望。日军则出动坦克来阻击“八百壮士”。

负责殿后的杨养正回忆，他们两个班被派遣打日军坦克，但打了一阵子，日军坦克岿然不动。杨养正大吼一声：“我来打！”便趴在一架轻机枪前，装上刚性弹，一梭子弹还没打完，敌人的炮弹在他头上爆炸，一枚弹片直插进他的左眼。后来，杨养正被四个战友拖下楼，拽过马路，成功抬进租界。

那一夜，共有 5 人牺牲，24 人受伤。

孤军营

“八百壮士”全部撤到公共租界中国银行仓库中，已经是凌晨 3 点。进入仓库后，租界当局立即要求他们缴械。一听这话，谢晋元和战士们全急了。谢晋元说，武器是军人的第二生命，不能离手，如果租界当局非要缴械，他们宁愿回到战场上去。就这样，一直僵持了好几个小时。

这时，按原计划在漕河泾等待“八百壮士”归队的张柏亭坐不住了，驱车赶往新垃圾桥。当他得知英军要“八百壮士”缴械时，非常愤怒，但为了稳住局面，他还是劝谢晋元暂且忍耐下来，容他们慢慢理论。

随后，张柏亭通过杨虎打电话质问斯马莱特，为何自食其言。英方解释，进入租界者不许带武器，这是惯例。他们不是要缴“八百壮士”的械，只是代为保管。

在张柏亭和英方少校马飞的反复劝说下，谢晋元最终同意交出武器。当时负责翻译的郑侠飞回忆：谢晋元“面容憔悴，满眼红丝，流着眼泪，悲愤之情，溢于言表”，在与马飞少校交谈中“有时泣不成声”，而大家只能默然相对，不知道该怎么安慰他才好。

尽管一百个不愿意，谢晋元最终还是服从上峰命令，交出了武器。当时，“八百壮士”共有步枪 260 余支、轻机枪 27 挺、重机枪 8 挺、驳壳枪 20 支、手枪 10 支、手榴弹 800 枚、子弹 12 万发。由此，也可证明他们绝不是走投无路、躲入租界的逃兵。

在随后的一次谈话中，谢晋元说：“我等困守闸北四行仓库凡四日夜，击退敌军六次进攻。弹药的消耗不及 1/10，至于给养，虽坚守三年亦无绝粮之虞。”“我等之撤退，系因第三者要求维护中立地区（公共租界）之安全，请求我政府同意，而由我最高当局下令撤退者。”

然而，租界当局没有兑现当初的承诺，送“八百壮士”归队，反而立即将他们送进了位于星加坡路胶州路口的意大利兵营。后来此地被称为“孤军营”，因“八百壮士”被长期软禁于此。

蒋介石得知“八百壮士”被租界羁押后，派俞鸿钧提出抗议，要求立即送他们归队。另外，日军也向租界提出引渡“八百壮士”的要求。租界当局本着谁也不得罪的原则，将谢晋元和他麾下 377 名战士软禁在意大利兵营。

自 1937 年 11 月 1 日直至 1941 年 12 月 8 日太平洋战争爆发、

日军占领公共租界，“八百壮士”共被羁押了 4 年 1 个月 27 天。

羁押岁月中，谢晋元被汉奸收买的凶手刺杀。

这位带领孤军苦战日寇的民族英雄，没有死在敌人的枪口下，竟然死在了自己人的刀下，年仅 37 岁。

谢晋元牺牲后，大批市民涌到孤军营，短短几日有 30 万人前来祭奠。

失掉主帅后，孤军营更加风雨飘摇。

1941 年 12 月 8 日太平洋战争爆发。日军占领了上海租界，孤军营里手无寸铁的战士们悉数被俘。这时的“八百壮士”，实际人数为 340 余人。

日军原打算将其改编为伪军，遭到毅然拒绝后，又企图将他们杀害。不过慑于这支军队在世界上的影响力，日军最终未敢动手，后将他们分散押解到浙江诸暨、杭州，南京孝陵卫，南洋的新几内亚等地做苦工。“八百壮士”中的很多人，没有牺牲于四行仓库一战，却被日军奴役折磨致死。至 1945 年抗战胜利，幸存下来的“八百壮士”大概只有百余人。

直到 2008 年，还有人在南太平洋岛国巴布亚新几内亚发现了“八百壮士”的遗冢遗骨。

烈士英魂不泯，他们的英名将永远铭记在每一个中国人心中。

本文来源：2017 年 8 月 8 日《北京日报》13 版、16 版

雷霆震日寇

中国重炮部队的怒吼时刻

董少东

在中国人民革命军事博物馆一个寂静的角落，陈列着一门通体乌黑的大炮。炮管平伸，硕大的炮口仍流露着睥睨一切的霸气。与众多用“某某式”标注的火炮型号不同，它的名字很长，叫“三十二倍径十五厘米口径重榴弹炮”，简称“三十二倍十五榴”。

现代战争中，火炮被尊为“战争之神”。“三十二倍十五榴”可以说是抗日战争时中国的“战神”，它几乎是中国军队唯一能对日军取得火力优势的重型武器。可惜，当时的中国，这样的现代化武器只有区区 24 门。

1936 年，国民政府从德国定制 24 门重型榴弹炮，并以其参数为名，称之为“三十二倍十五榴”，以此组建炮兵第十团。在此后的烽火岁月里，炮十团先后转战淞沪、台儿庄、豫东、武汉、潼关、昆仑关、滇西等地，雷霆万钧地发出中华民族的怒吼。

硝烟早已散去，当年的战争利器收起锋芒，静静陈列，像一位沉默的老兵。

老兵不死，只是悄然隐去。

专为中国定制

九一八事变后，为了应付日益加剧的民族危机，国民政府展开了一系列国防建设，1934 年春，国民政府向德国提出了订购 15 厘米口径重榴炮的意向。

榴弹炮是发射仰角大的野战火炮，弹道高而弯曲，能飞越障碍物攻击目标。大口径、远射程的重型榴弹炮是保持地面火力优势的必要武器。而当时国内根本没有生产现代火炮的能力，只能向军事发达的国家采购。

据抗日战争史料记载，日军一个甲种师团支援火炮有 24 门四一式 75 毫米山炮、12 门 75 毫米野炮和 24 门三八式 70 毫米步兵炮。这样的火炮配置，其实并不算强，但用于攻击师级作战单位也未必配备火炮的中国军队，已经绰绰有余。

也正缘于此，国民政府在订购重榴炮时就有三个非常明确的要求：一是火力猛，口径要 150 毫米；二是射程远，最大射程要达 15 公里，超过几乎所有的日军火炮；三是要能发射榴弹和破甲弹两种炮弹。破甲弹可用于攻击军舰，这一需求在 1932 年一·二八事变后尤为凸显——当时的中国军队被日本军舰的巨炮完全压制，却拿它没有丝毫办法。

国民政府订购下单前，国外军工巨头纷纷前来报价。克虏伯是其中名气最大、实力最强的。中国自晚清以来，重炮几乎都来自克虏伯。而它当时也确实有一种刚刚研制出来并装备德军的火炮，与中国的要求非常接近。按照中国的命名方式，当时这种克虏伯大炮应该叫“三十倍十五榴”。

“三十倍”“三十二倍”是火炮倍径，指炮管长度与口径之比，是衡量一门炮威力的重要指标，相同口径下的火炮，倍径越大威力越大，射程更远。

“三十倍十五榴”唯一让中国不够满意的是射程为13公里，比要求略短。这时，另一家德国军工企业莱茵金属厂提出，可以在“三十倍十五榴”基础上加以改进，采用三十二倍径，提高射程。试制的“三十二倍十五榴”效果很好，各方面都满足中国要求。因为“三十二倍十五榴”来自克虏伯的基础设计，再加上克虏伯在中国的声名，很多中国士兵也称“三十二倍十五榴”为“克虏伯大炮”。

这是当时最新型的现代化火炮，其性能指标与现在的火炮相比也不遑多让：最大射程为20000米，有效射程为15000米，弹头重50公斤，有效杀伤半径50米。

1936年，24门“三十二倍十五榴”运抵南京，炮十团随即宣告成立，举国为之振奋。

不过，相对于当时中国300万陆军部队来说，24门现代化重榴炮终究太少。没办法，这种终极利器实在是太贵了。

据“1934年德国军火输华数值统计表”，国民政府当年向德国订购了总价值3507万法币的军火。而一门“三十二倍十五榴”配备1000发炮弹，每套价格要87万法币，24门总价高达2088万法币。也就是说，这批重榴炮的金额就占了全部军火采购额的六成。

即便是中国舍得重金，德国也不会再卖了。“三十二倍十五榴”

交付中国的当年年底，法西斯德国和日本缔结了同盟条约。这使得仅有的 24 门重榴炮显得金贵异常。

首战淞沪

因为“三十二倍十五榴”在中国军队中鹤立鸡群的强大火力，炮十团从创建之初就成了直属国民政府军政部的战略力量。

炮十团是中国首支机械化重炮团，下辖 3 个营，每营两个连，每连有“三十二倍十五榴”4 门。全团总计 2000 余人，连以上军官多是黄埔军校或炮兵学校专业出身，兵源亦要求具有高小毕业或初中毕业文化程度，身体健壮。

每门“三十二倍十五榴”均用从德国进口的越野载重卡车牵引，各连还有两辆同型卡车运输弹药，全团拥有载重汽车、观测车、弹药车、吉普车、三轮摩托车、两轮摩托车等各类车辆 480 辆之多。这支高度机械化的重炮团，和同时组建的德械师一样，成了中央军的王牌。

蒋介石对这批花了大价钱的重型武器分外看重，各方面军政大员们也走马灯似的纷纷前来参观。

这样的张扬自然瞒不过注定要与“三十二倍十五榴”对阵的日军，这些罕有的重武器，从一开始就失去了“奇兵”的效果。

1937 年 8 月 12 日夜，16 门被寄予厚望的“三十二倍十五榴”从南京秘密运往上海郊外。那是炮十团的二营和三营。此前 3 天，侵华日军刚刚制造了虹桥机场事件，挑起事端，淞沪会战一触即发。

南京到上海的京沪公路上，20 多辆重型卡车向上海方向驶去。17 岁的宋锡善就在其中的一辆卡车上，他是南京炮兵学校重炮团第三营的运输兵，负责运送弹药。24 发重达 50 公斤的炮弹再加上发射药，就把他驾驶的卡车装得满满当当。

这是宋锡善，也是炮十团第一次执行作战任务。一路上，除了从上海涌向南京躲避战火的人流，一支支军队也在向着上海进军。宋锡善记得这些部队的一个细节——服装各异。这是当时中国军队装备的一个典型状况，着装尚不能统一，更何况武器。

在这支“满腔怒火开往上海”的大军中，开着重型卡车的宋锡善颇有些“大干一场”的豪气。毕竟，他们身旁就是中国火力最猛的重型火炮。

其实，淞沪会战中，中国军队几乎把拿得出手的炮兵精华都亮了出来。13 日，装备 24 门博福斯山炮的炮兵第三团在岭南山庄、江湾镇附近进入阵地。博福斯山炮是 1932 年从瑞典引进的，共 44 门，性能优异，但口径只有 75 毫米，威力较小。

装备日造三八式、国造辽十九年式 150 毫米重榴弹炮各 8 门的炮八团则在 13 日夜抵达彭浦附近。日造三八式山炮的口径也是 150 毫米，但这种炮设计于 1905 年，炮管短，射程也近，已经相当落后。国造辽十九年式 150 毫米重榴弹炮是一种日本重榴炮的中国仿制品，同样设计老旧。

除“三十二倍十五榴”之外，这些就是中国军队的当家主炮了。如果没有“三十二倍十五榴”，集结在上海西侧的这些火炮甚至还抵不上一个日军甲种师团的炮火火力。

炮十团三营被派往沪西，他们将执行至关重要的任务——轰击日军海军陆战队司令部。

13日，淞沪会战爆发，上海笼罩在硝烟之中。中国军队起初的战略目标直指位于虹口跑马场的日本海军陆战队司令部。一天惨烈激战后，中国士兵已经抵近日军司令部外围。

14日夜，宋锡善卸完弹药，跟着营长胡克先潜入虹口的一个隐蔽角落，远远观测着他们的目标。望远镜把那座大楼拉到眼前，夜幕之下，大楼灯火通明，敌人丝毫没有意识到危险的临近。

“三十二倍十五榴”的射击诸元早已设定，此前还用一门炮打了个单发，进行了试射校准，精确到了分毫不差。

21时许，执行炮击任务的三营开炮了。8门“三十二倍十五榴”一起发出了震天动地的轰响。

一分钟之内，30多发重型炮弹让日本海军陆战队司令部笼罩在火光和烟幕之中。几乎就在炮弹爆炸火光闪起的同时，那座大楼的灯光瞬间熄灭。

“好！打得好！”宋锡善兴奋地大叫起来。一旁的营长马上向指挥部报告，确认命中目标。步兵随即开始冲锋。

接下来的情景却让宋锡善目瞪口呆，已经一片漆黑的日军海军陆战队司令部大院忽然喷吐出几条火舌，将冲在前面的中国士兵吞噬。整整一个排，全部倒在了日军海军陆战队司令部门口。

挨了几十发重型榴弹炮轰击的日军司令部竟然完好无损！攻击被迫停止。

直到战争结束后，宋锡善才知道，“三十二倍十五榴”早已威名远扬，战争还没有开始，日军就已经对海军司令部大楼进行了层层加固，门窗后甚至加装了几厘米厚的电动钢板，一旦受到攻击能马上封闭。据说，日军的加固标准是能抵挡住超过 200 毫米巨炮的直接轰击。

所以，中国军队发射出的炮弹虽然命中甚多，却没有对其造成致命打击。而宋锡善耿耿于怀的是，“要是有烧夷弹，烧也烧死他们！”

烧夷弹就是燃烧弹，爆炸后能引起剧烈燃烧，为攻坚利器。但是，在“三十二倍十五榴”配备的弹药里，有常规使用的榴弹，有可打击坦克、军舰的破甲弹，恰恰没有这时候最适用的烧夷弹。

孤独的重炮

首次上阵的“三十二倍十五榴”并没有起到预想的效果，中国将领们对它的信心和期许大打折扣。在此后的淞沪会战中，再没有给“三十二倍十五榴”下达战略性质的任务，它们只是和其他火炮一起对步兵进行火力支援。

而日军却显然加强了对“三十二倍十五榴”的防备。游弋在海面上的日本军舰和天上的轰炸机，都在寻找着“三十二倍十五榴”的阵地，欲除掉这个对他们威胁最大的心腹之患。

因为来自空中和海上的威胁，“三十二倍十五榴”始终未能抵近目标进行精准的瞬间急速射，只能依靠其射程优势，在 10 余公里外轰击敌步兵阵地。即便这样，为了避免敌人的反制火炮造成更大损失，炮十团甚至不能以集群出现，被迫分割成连、排使用，以两门炮甚至一门炮去完成一些带有游击色彩的任务。

9 月下旬，据可靠情报，日军利用上海跑马厅广场作临时机场，可以停降 10 架飞机，缩短了空袭国军阵地的时间和间隙。炮十团奉命摧毁临时机场。炮十团团长彭孟缉指定三营二排来完成任务。

营长胡克先通过电话给排长张士英下命令，让他带两门炮、50 发炮弹做好准备。张士英一听只给 50 发炮弹，就说："营长，50 发炮弹，一门炮就行了。"

胡克先有些犹豫。在当时的战场态势下，即便以"三十二倍十五榴"的最大有效射程去炮击日军机场，也已经超出了安全距离范围，必须快打快撤，留给他们的炮击时间只有 10 分钟左右。而"三十二倍十五榴"的射速是每分钟 4 发左右，一门炮的射击时间恐怕不够。但两门炮的准备和撤离时间又会增加。

胡克先最终决定派一门炮，但还是提醒了一句："要 10 分钟内完成。"张士英很清楚自己战士的操炮水平，信心十足地保证："一门炮快射，用不了 10 分钟。"这些重炮的操作者，其实早就不耐烦每天零敲碎打的炮击方式了，恨不得一次把所有的 1000 发炮弹都打过去才解恨。

当晚，张士英率领 15 名炮兵潜入真如附近的临时阵地。22 时整，这门"三十二倍十五榴"开始急射。

“三十二倍十五榴”的炮声带着撕天裂地的震撼，那是从心底挤压出的咆哮。

“轰轰轰”的巨响震撼着黄浦江。不到 10 分钟，50 发炮弹全部倾泻到了日军的临时机场上。

日军的反应也当真了得。22 时 18 分，日本炮兵的反击炮弹就向着张士英的临时阵地砸了过来，一下子就打了足有 40 分钟，发射了数百发炮弹。

听到临时阵地那边传来密集的爆炸声响，彭孟缉、胡克先等人暗暗叫苦，担心二排这次行动多半是要人炮尽亡了。结果没过一会儿，张士英毫发无损地回来复命了。

翌日，《中央日报》登出头版新闻：“我神秘炮兵昨夜奇袭敌机场，击毁敌机数架。”

在规模空前的淞沪会战中，最该发挥集群火力优势的“三十二倍十五榴”，却只能用这种“散兵游勇”的方式取得些许战果。炮十团二营六连也曾用一门炮三发破甲弹，击伤（亦有击沉之说）了一艘日本军舰，算是实现了当年的一个采购要求。

但是，这些被寄予厚望的“三十二倍十五榴”最终没能成为战场上的决定性力量。鏖战三个月后，上海沦陷。

1937 年 11 月 5 日，日军在杭州湾金山卫登陆，致使淞沪中国军队陷入腹背受敌的险境。宋锡善所属的炮十团三营被迫在 8 日开始撤退。

折戟

淞沪会战是中国历史上第一次海陆空三军同时参与的大会战，装备远远落后于世界水平的中国军队，同样远远没有适应现代化战争的作战模式。不要说海陆空三军协同，即便是在大兵团作战中最基础的步炮协作，也可以说是首次实战。“三十二倍十五榴”在淞沪会战中没能发挥出应有的作用，亦有此原因。

而部队之间的不协同，在慌乱撤退中尤为突出。这一弊端，把炮十团二营推入了万劫不复的境地。

在上海郊外方家窑附近的一座公路桥前，二营的车队被守桥部队拦了下来。拦下他们的理由让人欲哭无泪：桥上埋设了地雷，大炮无法通过。

工兵在桥上埋设地雷，本是为了阻挡日军的追击，但己方的部队尚未撤完，地雷却已经埋好了。步兵尚能在工兵的导引下，小心通过，“三十二倍十五榴”和它们的牵引车、弹药车，却无论如何也过不了那条一人来宽、弯弯曲曲的“安全通道”。

担任守桥任务的是第一师第二旅第四团第一营。时任营长的贾亦斌曾在一次纪念活动中回忆说：“团长命令我们坚守到第二天天明，等大部队撤完我们再撤。”

在撤退中担任阻击掩护任务是最危险的，贾亦斌当时已经做好了牺牲的准备。在第二天的战斗中，该营的确抵住了日军的一次次攻击，最后生还者，只剩贾亦斌一人。

然而，8 日一整天，通过这座桥的仍是陆陆续续的后撤部队。入夜，看见拖着大炮的炮十团二营车队停在桥头，贾亦斌也傻眼了——没有人通知他们炮兵还没有撤完，更何况是这支全国唯一的机械化重炮团！

排雷是根本来不及了，日军的追兵随时可能到达。形势已经无法扭转，二营陷入绝境。彭孟缉拍着重型卡车的车门，绝望地号啕："中国就只有这个像样的炮团，怎么办呀？！"

没有办法！彭孟缉抹把眼泪，下令把大炮推下河。炮兵们拆毁了炮身上的一些小部件，然后亲手把曾带给他们荣耀的 8 门"三十二倍十五榴"推到了河中。据贾亦斌回忆，执行完这个痛苦的命令后，炮十团官兵小心翼翼地走到桥上。由于是夜间，又在紧张撤退，不能引火照明，结果仍有人踏上了地雷。

二营的大部分官兵最终安全撤离，一路辗转撤到了武汉，在那里与先期抵达的一营和三营会合。

1938 年年初，炮十团在武汉地区进行了一番调整。为了弥补二营重创所带来的战力失衡，一营和三营分别拨出 1 门和 4 门炮补充二营，以保持三个营的建制不变。这样的现象在当年的炮兵部队中十分常见，由于国防工业落后，炮兵在损失后补充不易，为了填补空缺，原本 4 门重榴炮组成的炮兵连只能逐步减少所辖炮数，基本上是一个连 2 门炮维持建制。

随后，炮十团再次被拆散使用。以仅剩的 16 门"三十二倍十五榴"能提供的炮兵火力来讲，在二战中配属给一个师都嫌勉强，而在当时的中国，还要把这 16 门重炮一分为三，以一个营配属给一个战区。

当时拥有 7 门“三十二倍十五榴”的一营最先被抽出，划配给汤恩伯第二十军团。1938 年 3 月中旬，山东临沂、滕县告急，蒋介石调第二十军团驰援第五战区。对于汤军团的加入，第五战区司令长官李宗仁喜出望外。在后来的回忆录中，李宗仁还特别记下了一笔：“该军团装备齐全，并配属十五生（厘米）的德制重炮一营，为国军中的精华。”一营由此参加了台儿庄大战、徐州会战、豫东战役。

4 月 1 日，日军趁着夜色渡过运河，偷袭南岸守军。枪声一响，炮十团一营马上作出反应，几发炮弹炸垮了日军的冲锋。随后又向日军阵地进行炮火延伸。一一〇师官兵士气大振，在炮火掩护下发起反冲锋，杀敌数百，一度还占领了日军阵地，给予日军有力打击。

豫东战役结束后，一营撤回武汉，又与二营一起参加了武汉保卫战。1939 年，一营再被调拨到第四战区，在昆仑关苦战数月。

一营转战各地，参战众多，却都没有留下详细的战绩，而配属给第十战区的三营，虽然只有 4 门重榴炮，却让“三十二倍十五榴”声名大振。

七年守潼关

1938 年 3 月初，日军攻占山西运城、平陆、风陵渡，其先头部队推进至黄河北岸，与陕西潼关隔河相望，大有渡河攻陕之势。潼关地处陕西、山西、河南三省交界处，自古就是兵家必争之地。这一次，准备跨过中国古老雄关的是日本侵略者。

3 月下旬的一个深夜，彭孟缉团长率领三营到达潼关阵地。阵地构筑在城墙洞内，既可以居高临下轰击日军，又能观察日军炮兵的位置，还极易隐蔽，防备敌人反制火力。

炮十团三营虽然只有 4 门“三十二倍十五榴”，却凭借着潼关之险，大展神威，收到了“一夫当关，万夫莫开”的奇效。

运输兵宋锡善也随着三营来到了潼关，他回忆：“我们去的时候，敌人正在黄河对面那个风陵渡构筑工事，作过河准备。”

守卫潼关的二十八师没有射程足够的武器，眼睁睁看着黄河对岸的日军往风陵渡运送弹药、橡皮艇，却无可奈何。

3 月 23 日拂晓，日军放下 40 多只橡皮艇，开始渡河。日军炮兵同时展开火力凶猛的掩护射击。

一直沉默待命的炮十团三营终于得到了“开炮还击”的命令，4 门“三十二倍十五榴”齐声怒吼。复仇的炮弹带着呼啸，飞向对岸。

第一轮齐射瞄准的是远在风陵渡北侧的日军炮兵阵地，射程接近 10 公里。日军炮兵欺中国守军没有远程火力，对潼关的炮击一直肆无忌惮。而这一次，他们几乎遭遇了灭顶之灾。

随后，“三十二倍十五榴”调动炮口，对着黄河上的渡河日军进行火力覆盖。小小的橡皮艇在 50 公斤重的重榴弹爆炸中灰飞烟灭。即便是没有直接命中，巨大的水柱也足以将其掀翻。仅仅几发炮弹，敌人损失过半。

守关步兵的轻重机枪也响了起来。“三十二倍十五榴”炸声如雷，轻重机枪发弹如雨，向着黄河倾泻着金属风暴。日军仓皇回撤，只有十来艘橡皮艇逃回了对岸。

几天后，二十八师一部在炮十团三营的炮火掩护下，强渡黄河，突袭风陵渡日军滩头阵地。在彻底破坏其渡河准备后，该部又成功撤回。经此两战，日军彻底打消了渡河的念头，隔河炮战成为最主要的作战形式，“三十二倍十五榴”当仁不让地成了潼关保卫战的主角。

“三十二倍十五榴”的突然到来，让风陵渡的日军猝不及防。不久后，16门日军重炮赶来增援，其中两门是280毫米的重型榴弹炮。这种大炮的炮身自重就达30吨，每颗炮弹重达200公斤以上，是“三十二倍十五榴”炮弹的4倍。新中国成立后，潼关还曾挖出过一颗这种未爆炸的巨型炮弹。

但是，日军的这些重炮的射程都比“三十二倍十五榴”差得远，对轰起来只有挨打的份儿。“三十二倍十五榴”的长射程尽显优势。

而日军要打击的战略目标其实也不是“三十二倍十五榴”，而是陇海铁路。陇海线是连通西北和中原的唯一一条铁路线，战略位置极为重要。

280毫米榴弹炮虽然打不到“三十二倍十五榴”，但强大的火力足以摧毁陇海线。每当有中国军队的火车途经陇海线时，敌人就会发射炮弹攻击。当时中国军人把途经陇海线的火车称为“闯关车”，如果没被敌人的炮弹击中，就算是侥幸“闯关”成功。

火车“闯关”时，往往需要“三十二倍十五榴”的配合。据宋锡善回忆，陇海线在潼关有一条隧道，火车进入隧道前故意鸣笛或放气，制造出很大动静，随后躲进隧道。

日军发现火车经过就会发炮攻击，他们的炮兵阵地就会同时暴露给炮十团三营，“三十二倍十五榴”随即进行炮火压制。超远距离的炮击未必能直接命中敌炮，予敌有效杀伤，但 50 公斤重炮弹的巨大覆盖范围、腾起的烟幕、四下乱飞的弹片，却足以让日军火炮“闭嘴”。火车就此借机“闯关”。

这样的炮战断断续续，“三十二倍十五榴”虽占尽优势，却渐渐有了“打不起”的无奈。当年购买这批重榴炮时，每门炮只配备了 1000 发炮弹。炮十团二营的 8 门炮损失后，其余各炮重新分配了剩余弹药，除此之外，再无补充，真的是“打一发少一发”。

1940 年冬，炮十团三营改变了炮战策略，决心一次拔掉对陇海线威胁最大的凤凰嘴日军炮兵阵地。要实现这一目标，就必须缩短射击距离，确保精准。

炮十团三营七连将一门炮拉出了阵地，悄悄布设到潼关外西坡口的一个隐蔽处。黄土高原上土质干松，大炮一发射就会震得四周尘沙飞扬。往常，炮十团三营就是以此寻找日军炮兵的位置。而他们自己，则把这块临时阵地的四周都泼上水。

入夜，一切准备就绪，这门“三十二倍十五榴”忽然发炮，在寂静的夜里如平地惊雷。早已设定的射击诸元异常精确，仅用两发炮弹，凤凰嘴日军炮兵阵地就彻底报销了。

仅用两炮就炸毁一个日军炮兵阵地，这样的胜利让平日里饱受日军炮击之苦的潼关百姓为之欢欣鼓舞。消息一传十、十传百，后来竟传成“国军一发炮弹直接打到鬼子的炮筒里，当时就把鬼子的炮给炸了，鬼子的阵地烧了三天三夜”。

4门“三十二倍十五榴”驻守潼关长达7年之久，力保潼关不失、陇海线畅行，在当地百姓中留下了诸多带有传奇色彩的炮战故事。

玉碎松山

在被全军视为精华的炮十团里，二营似乎从来没有什么好运气。首战淞沪，他们就被迫丢掉了全部8门“三十二倍十五榴”。此后，他们既没能像一营那样参加众多的重要战役，更没有能像三营那样扬名立威。配属给第九战区的二营只有5门重榴炮，延续着以一两门炮分散出击的方式，执行着零散的作战任务。

1940年分配到二营五连的年轻副连长阎启志，颇有些“英雄无用武之地”的无奈。很长时间里，一门炮被借去当教具使用，他作为教官向炮兵学校或者新兵们讲解这门最先进的火炮。

直到1941年年底，阎启志才第一次有了实战机会。中国和侵华日军展开了第三次长沙会战，阎启志受命带着一门炮进行火力支援。

由于一直没有得到补充，炮弹日益金贵，阎启志才领到了10发。战斗打响后，10发炮弹没一会儿就打完了。不远处友邻炮兵的国造辽十九年式150毫米重榴弹炮一直不入他的眼，这时却“轰轰轰”地打得痛快。阎启志有些悻悻地带着炮返回驻地。

第三次长沙会战以中国军队的胜利告终，在第二次世界大战中影响甚大，不仅提高了中国的国际地位，也在我国抗日战争史上写下了辉煌的一页。然而，阎启志的激动心情里总也抹不去一丝怅然。

直到 1944 年，阎启志憋了几年的郁结之气才得以释放。

这年 5 月，中国远征军发动第二次入缅作战，炮十团二营受命随军出征。6 月，部队强渡怒江，打通入缅通道的关键之战——松山战役打响。

这时的中国军队已非吴下阿蒙。美军飞机对松山日军阵地进行轰炸之后，中国的重炮开始轰响，又把日军阵地“犁”了一遍。

盟军在北非缴获的德国重榴弹，全部补充给了炮十团二营。阎启志说：“我们就跟‘暴发户’一样，大手大脚地干起来，真叫痛快！”

松山之战是中国军队第一次在对日军拥有绝对火力优势情况下的作战。

“三十二倍十五榴”最初的任务是利用射程和精准的优势，对日军炮兵进行反制。而那时的日军已是强弩之末，几乎已经没有像样的炮火支援了。往往是那边的炮兵刚开始射击，三下两下就被“三十二倍十五榴”给压了下去。

“三十二倍十五榴”也加入了轰击松山的行列。阎启志说：“那炮打得没法计数了，整个松山的树都被炸光了，就剩一座秃山。”

步兵开始冲锋，日军隐蔽的暗堡突然开火，堡内机枪手以密集火力将冲锋的步兵成批射倒。淞沪会战中炮十团曾经遭遇的一幕再次重演。

他们眼前的松山已经不再是一座山。在这里驻扎了两年的日军，几乎挖空了整座山，构筑了无数暗堡、地道。松山几乎成了一座巨大的碉堡。松山阵地建成时，日军用自己的炸弹进行过检验。数枚500磅航空炸弹直接命中，工事未受损伤。

攻坚的战斗进行到了7月，毫无进展，部队伤亡惨重。指挥松山战役的第八军军长何绍周，把炮十团二营调到了几乎可以直射松山的怒江东岸，下令不惜一切代价进行攻山炮火支援。

“真的是不惜一切代价！”阎启志多年后仍记得当年战斗的情形，“鬼子瞄着我们的阵地打炮，我们也不管了。有炮弹打过来我们就趴下。它响过了，我们跳起来接着轰松山。”50公斤的重榴弹，原本要两个人用炮弹架抬入炮膛，这时一个人抱着就给塞进去。原本设定的射速是5门炮轮番射击，两分钟一发，后来一分钟一发，再后来全都打起每分钟4发以上的急速射……

开始还为不需要再吝惜炮弹而大呼过瘾的阎启志，这时却开始心疼。德国莱茵金属厂之所以为每门炮只配备1000发炮弹，是因为这些大炮的理论寿命就是1000发。超过1000发，膛线就会受损，严重时还会炸膛。

炮弹发射计数超过900发时，阎启志提醒连长，大炮已经接近极限了，暂停射击检查一下吧。连长吼起来：“别管炮了，能打多少打多少，打坏了换炮！”

当步兵再次发起冲锋时，炮击暂停，日军得以进入阵地开始射击。正当我步兵抵近敌阵，双方开始贴身肉搏时，何绍周向二营下达了一道残酷的命令：“对敌阵地进行炮火覆盖。”阎启志惊呆了，那不是连自己人一块儿炸吗？传令官说：“军座说，鬼子拼刺刀比我们强，与其在拼刺刀时被鬼子杀死，不如同归于尽。只有这时候炮弹才能炸死鬼子。”

军令如山。“三十二倍十五榴”再次轰响起来，松山阵地上血肉横飞，不分敌我。

忽然，阵地上爆发出一声明显异于大炮发射的巨响。阎启志心中一沉：完了，炸膛了！跑过去一看，果然，五连的三号炮已经炸得四分五裂，炮口杵在地上，炮膛都不见了。一炮手和一名装填手当场阵亡，二炮手重伤。

炮击仍然没有停止。

日军工事最终被炸毁了，但不是因为“三十二倍十五榴”的火力。中国工兵在山脚挖了一条地道，然后在日军主堡垒下埋进去3吨烈性炸药……

1944年9月7日凌晨，在付出惨烈代价后，中国军队终于攻克松山。在这次战役中，“三十二倍十五榴”随着悲壮的怒吼，几乎将寿命折尽。

目前，国内还有两门“三十二倍十五榴”遗存下来。一门存于军博，是解放上海时缴获所得；一门存于辽沈战役纪念馆，自然是辽沈战役之中的战利品。这两门曾声震一时的重榴炮，如今只是作为一种火炮型号展示。它们曾经历的硝烟已经散去，它们曾经发出的怒吼已经平静，但那一段峥嵘历史，永远铭刻在它们的钢筋铁骨之上。

本文来源：2012年11月6日《北京日报》21版、24版

第二部分

延安宝塔的光芒

暗夜启明星

《论持久战》指明胜利的方向

杨丽娟

抗日战争全面爆发后，日本侵略者的铁蹄步步紧逼，随着战局起伏，两种论调甚嚣尘上：既有鼓吹“战必败，再战必亡”的“亡国论”者，亦有宣扬“只要打三个月，战争就可解决”的“速胜论”者。

就在此时，5万多字的《论持久战》横空出世。“战争的伟力之最深厚的根源，存在于民众之中”，振聋发聩的论断，一扫人们心头的阴霾。从此，艰难的中国抗战有了指路明灯。

中华民族会亡吗?

1938 年 1 月，延安城的一间瓦房里，梁漱溟与毛泽东在灯下彻夜长谈。

作为国民政府参议员（后为参政员），梁漱溟原本对时局极度悲观。“八一三”失利后，上海、南京相继沦陷，他随国民政府搬到了武汉。几十年后，他还记得沿途所见景象：百姓流离失所、争相逃难，而国民党大员不仅毫无抗战信心，只顾逃难，甚至有人将资产转移至国外，或将妻儿送往国外……这一切让梁漱溟十分失望，对抗战的前途也很悲观。

因此，他在延安一见到毛泽东，就开门见山地问：“中国前途如何？中华民族会亡吗？”

毛泽东的回答十分果断，他斩钉截铁地说：“中国的前途大可不必悲观，应该非常乐观，最终中国必胜，日本必败，只能是这个结局，别的可能性不存在。”

近半个世纪后，梁漱溟回忆当年的谈话，这样说道：“毛泽东在谈话的一开头语气这样肯定，神态这样坚决，我至今记忆犹新。接着他分析了国内，国外，敌、我、友三方力量的对比，强弱的转化，战争的性质，人民的力量，等等，最终又回到中国必胜，日本必败的光明结局上。他说得头头是道，入情入理，使我很是佩服。可以这样说，几年来对于抗战必胜，以至如何抗日，怎样发展，还没有人对我作过这样使我信服的谈话，也没有看到过这样的文章。”

梁漱溟是著名的哲学家，一直关心时局，心系国家民族命运。早在 1917 年，他就在蔡元培主持的北京大学任教。不久之后，与梁漱溟同岁的湖南青年毛泽东，经老师杨昌济介绍，在北大图书馆当了一名图书管理员，平时则住在杨昌济家里。梁漱溟与杨昌济是忘年交，前去拜访时，为他开门的常常就是毛泽东。

这样的爱国学者，对抗战前途尚且悲观至此，可以想见，当时的中国还有多少人深陷迷惘之中。中国能不能取得胜利？中国的胜利之路该怎么走？人们百思不得其解。

抗日战争全面爆发后，尤其是“八一三”淞沪会战之后，日本侵略者长驱直入，“亡国论”一度甚嚣尘上。毛泽东就收到了湖南家乡一个青年学生的来信，这位青年在信中诉说了心中的苦闷：“在乡下一切都感到困难。单独一个人作宣传工作，只好随时随地找人谈话。对象都不是无知无识的愚民，他们多少也懂得一点，他们对我的谈话很有兴趣。可是碰了我那几位亲戚，他们总说：‘中国打不胜，会亡。’讨厌极了。”

然而，平型关和台儿庄刚打了两次胜仗，一些人的头脑又被胜利冲昏了，一时间“速胜论”迅速兴起。淞沪会战时，就有人把抗战的前途寄托在外国援助上，幻想“只要打三个月，国际局势一定变化，苏联一定出兵，战争就可解决”。此时，更有人鼓吹徐州战役应是“准决战”，说什么“这一战，就是敌人的最后挣扎”，“我们胜了，日阀就在精神上失了立场，只有静候末日审判”。

延安一行，让梁漱溟的认识渐渐明朗，一扫心头的阴霾。然而，全国民众普遍存在的思想混乱如何克服？此时的毛泽东警觉地意识到，有必要“做个总结性的解释”，特别是“有着重地研究持久战的必要”。

这并非毛泽东第一次提出“持久战”的思想。早在1935年12月的瓦窑堡会议后，他在党的活动分子会上作《论反对日本帝国主义的策略》报告时就提出：“要打倒敌人必须准备作持久战。”1936年7月16日，在陕北保安的窑洞里，毛泽东同美国记者埃德加·斯诺谈话时，“已经一般地估计了中日战争的形势，并提出了争取胜利的各种方针”。后来，斯诺在《红星照耀中国》一书的注释中特别提到，这些观点形成了他此后一些著作的雏形，其中就包括《论持久战》。

从斯诺记录中的雏形到系统科学的长篇论著，《论持久战》的问世，又酝酿了将近两年。

八天九夜奋笔疾书

1938年5月初，延安凤凰山下的一孔普通窑洞里，毛泽东开始悉心写作《论持久战》。

当时担任毛泽东警卫员的翟作军，对主席的废寝忘食印象极其深刻，他回忆道：“主席写《论持久战》，看他已经两天两夜没有睡觉了，还一个劲儿伏在桌子上写啊写的。实在太累太困的时候，就叫我们给他打盆水洗洗脸，清醒清醒，或者到院子里转一转，要不就躺在床上闭上眼睛养一会儿神，又继续写。饭吃得很少，脸色灰灰的很不好……”

就这样连续工作五六天后，翟作军看到，主席的“两只眼睛布满了红丝，宽阔的面颊明显地消瘦下去，颧骨凸了出来”。到了第七天，又轮到翟作军值班，这天晚上天气格外冷，西北风刮得窗户纸哗哗直响，他弄了一盆炭火搁在主席脚边。没想到，当主席难得主动叫他进去时，翟作军竟然闻到了一股破布烂棉花的焦煳味儿，原来主席写得太专注，棉鞋被烧着了都不知道，就连袜子都被烧了个窟窿。

经过八天九夜的奋笔疾书，毛泽东终于完成了这篇长达 5 万多字的文稿。1938 年 5 月 26 日至 6 月 3 日，毛泽东在延安抗日战争研究会上连续作了几次讲演。在讲演中，他旁征博引、举一反三，深入分析战争态势和中日双方的具体国情，继而科学地预见到抗日战争将经历战略防御、战略相持、战略反攻三个阶段，还强调“兵民是胜利之本”，“动员了全国的老百姓，就造成了陷敌于灭顶之灾的汪洋大海，造成了弥补武器等等缺陷的补救条件，造成了克服一切战争困难的前提。”这就是《论持久战》的第一次公开“发表”。

起初，毛泽东并未考虑《论持久战》的出版或发表问题，还是时任中共中央组织部部长的陈云同志听了讲演后，觉得讲得很透彻，便对毛泽东说，是不是可以在更大一点的范围内给干部讲讲。据延安干部学院教授王涛介绍，毛泽东接受了陈云的建议。不过，考虑到自己时间有限，抽不出那么多时间到处讲演，再则听众有限，毛泽东决定把讲稿整理出来，先在延安油印，再印成书公开发表。

1938 年 7 月 1 日，中共中央机关刊物——《解放》周刊第 43 期、44 期合刊，正式刊出了这篇彪炳史册的名作。这是《论持久战》最早公开发表的版本，文章的原标题有点长，但读完标题就会发现，其简明扼要地提炼了整篇文章的要义——《论持久战——论抗日战争为什么是持久战与最后胜利为什么是中国的及怎样进行持久战与怎样争取最后胜利》。

当月，延安解放社出版了最早的《论持久战》单行本，封面是毛泽东亲笔题写的书名，扉页是他的亲笔题词："坚持抗战，坚持统一战线，坚持持久战，最后胜利必然是中国的。"此后，各根据地乃至汉口、重庆、桂林、西安等国统区都相继出版了单行本。

一时之间，《论持久战》成为社会各界争相阅读的"宝典"，洛阳纸贵，一册难求。位于山西的太行文化教育出版社，其畅销书就有翻印的《论持久战》。散文家吴伯箫的《潞安风物》一书中，有这样一段写于1938年12月16日的记述，毛泽东的《论持久战》与《抗日游击战争的一般问题》，石印五千册，"不到半月工夫几乎连该社存的一本底子都有人想买了"。

直到今天，读过《论持久战》的后来人，也不得不感叹毛泽东对战争形势预判的出神入化。毛泽东能写出《论持久战》除了与他系统总结中国革命战争中以弱战强的经验教训、系统研究敌后抗战的游击战密切相关，也与他善于从古今中外的历史中汲取智慧密切相关。

众所周知，毛泽东酷爱读书。1960年，他同部分亲属和身边工作人员谈话时曾提到，在陕北"看了《孙子兵法》，克劳塞维茨的书看了，日本人写的军事操典也看了，还看了苏联人写的论战略、几种兵种配合作战的书等等"。莫文骅1938年在抗日军政大学政治部工作时，他就参加过毛泽东组织的克劳塞维茨《战争论》研究会。

据他回忆，研究会采取的方式是每周讨论一次，晚上七八点钟开始，讨论到深夜十一二点钟。“《战争论》的学习讨论采用边读边议的方法，当时只有一本书，是国民党陆军大学出版的文言文译本，译文又很粗劣，读起来很不好懂。后来由何思敬同志直接从德文原版译出来，译一章介绍研究一章，并发了讲义。记得当时讨论得最多最热烈的是集中兵力问题。”

值得一提的是，蒋百里、陈诚等国民党官员都提过“持久战”，其中蒋百里的《国防论》、陈诚的《陈诚将军持久抗战论》均发表在《论持久战》之前，因此，有学者认为持久战理论并非毛泽东首创，甚至诬称毛泽东是“抄袭”。对此，中共中央党史和文献研究院研究员曹应旺在研究中进行了驳斥，“只要将这三本书从内容上加以比照，‘抄袭说’就会不攻自破”。

《国防论》的主要内容是论国防而不是论持久战，虽谈到若干持久战的观点，但没有也不可能系统论述为什么要实行持久战、怎样进行持久战，更不可能论及持久战中的游击战问题。而《陈诚将军持久抗战论》其实是一本文章汇编本，其中收录了郭沫若的《持久抗战的必要条件》、张闻天的《抗日民族战争的持久性》、史良的《持久抗战的目的——最后胜利》等文章。陈诚的3篇文章仅在第1页至第20页出现，约6000字，这些都是曾发表在《救国时报》上的宣传文章。陈诚的确提到了持久战与消耗战，但其所谓“持久战”的内涵，竟然是“拖到一年半载，三年五年的时候，敌人军实耗尽，经济崩溃，国本动摇，一定要在我们面前屈膝的”，诸如此类的消极态度，岂能与《论持久战》相比！

事实上，但凡读过《论持久战》原文，就会发现，毛泽东从未自诩是第一个提出抗日战争是持久战的人。相反，他开篇就明确指出，“很多人都说持久战”“说最后胜利”，问题在于，这许多人却并不明了，“为什么是持久战？怎样进行持久战？”“为什么会有最后胜利？怎样争取最后胜利？”而这，正是毛泽东所要解决的问题，也正是《论持久战》一经公开发表，就在全国引发强烈反响的原因所在。

英译稿不止一种

强烈的反响让中共领导人认识到，应该让海外人士也看到这本军事著作，更好地了解中国人民的抗日战争，争取更广泛的抗日民族统一战线。为此，中共中央决定对《论持久战》等多篇毛泽东著作进行英译，向海外发行，扩大影响。

翻译《论持久战》，无疑是一项艰巨的任务，精通中英文自不必说，了解时局、政治可靠也是必要条件。谁能担此重任？

宋庆龄选择了波兰裔国际记者爱泼斯坦。据中共中央文献研究室主编的《毛泽东传》记载，《论持久战》是由周恩来从武汉寄到香港，委托宋庆龄找人翻译的，被翻译成英文向海外发行，爱泼斯坦等参加了翻译工作。

爱泼斯坦等在香港的翻译最广为人知，不过，从事跨文化翻译理论与实践研究多年的学者张生祥发现，抗战时期的《论持久战》英译稿有四种，除了爱泼斯坦等的翻译外，还有许孟雄、杨刚分别翻译的译稿，以及刊登在 1938 年 10 月《译丛周刊》上的《论持久战》英译稿。

先说许孟雄，这位著名的翻译家 1929 年毕业于清华大学英语系，抗日战争全面爆发时，他正任教于中央大学。为投入抗战第一线，许孟雄毅然辞去教职，找到了长沙八路军办事处负责人徐特立，自荐请求参加工作，徐特立介绍他去武汉找董必武，最终，许孟雄以党外人士的身份加入了中共中央长江局的国际宣传组。

国际宣传组成立于 1938 年四五月间，据负责其具体工作的王炳南回忆，这个小组是我党的第一个外事工作部门，由周恩来直接领导，办公地点就在汉口的意大利饭店。国际宣传组组员不多，包括许孟雄、王安娜、毕朔望等，他们个个精通英语，接到的第一个任务就是翻译毛泽东的《抗日战争的战略问题》《论持久战》等著作。据说，周恩来曾对许孟雄说："斯诺先生看了你翻译的《论持久战》，大加赞扬，说你翻译得非常好。"

相比之下，《译丛周刊》上发表的《论持久战》英译稿知之者甚少，就连这本杂志都鲜为人知。原来，这份杂志由江苏省立上海中学和暨南大学的一批革命学生编辑出版，为了在"孤岛"进行抗日宣传，青年学生们机智地将杂志的定位包装为英汉对照、学习英语。如此，创刊于 1937 年 12 月的《译丛周刊》，竟然在沦陷区坚持出版了约 80 期，直到 1939 年 9 月停刊，发行量每期都在 2000 本左右，订户不仅分布在上海、香港等地，就连新加坡都有少量订户。

《译丛周刊》的创办人之一周维平回忆，将近两年的时间里，《译丛周刊》译载了《毛泽东论战略》、《中国统一战线的完成》(埃德加·斯诺）、《觉醒了的中国》（斯诺夫人）等一大批立场鲜明的文章，其中包括《论持久战》（毛泽东）摘译。也就是说，《论持久战》并非全文翻译刊出，而是摘译。那么，翻译者是谁呢？张生祥找到了发表在《译丛周刊》第42期上的《论持久战》中英文文章，这篇《论持久战》英译名为How China Can Win，译者未署名。不过，经常为《译丛周刊》供稿的一位译者、进步学生黄子祥在回忆录中提到，“暨大同学写稿从不拿稿费”。张生祥据此推测，这篇《论持久战》英译稿很有可能是由当时暨南大学的学生翻译的。

1939年，随着“孤岛”环境渐趋恶化，《译丛周刊》不得不减少政治性文章的分量，增加文艺作品的比重，直到宣布停刊。在此之前的1938年10月23日，武汉沦陷前夕，许孟雄无奈撤至重庆，《论持久战》的翻译手稿也在途中随“新升隆”轮船被炸沉而遗失。远在香港的爱泼斯坦，则在珍珠港事件爆发后，被日本人关进了集中营。可以想见，在那个战火横飞、日本侵略者实施舆论管控的年代，《论持久战》的译者们需要付诸何等的勇气，冒着多大的风险。而在这些“冒险者”中，最具传奇性的还要数中共地下党员杨刚和她的朋友们。

霞飞路1826号的传奇

1938年，上海霞飞路（今淮海中路）1826号那幢绿树掩映的花园小洋房，悄悄地迎来了一位客人，她就是《大公报》记者、中共地下党员杨刚。

杨刚才华横溢又满怀爱国热情，被上海地下党委以翻译《论持久战》的重任，毫不意外。令人意外的是，霞飞路 1826 号的主人是一位洒脱不羁、看似与革命毫无干系的美国女作家。

她叫项美丽，原名埃米莉·哈恩（Emily Hahn）。她爱好冒险，曾在非洲的丛林中度过了两年时光，1935 年来到中国后，还在家里养了一只长臂猿当宠物，取名“史密斯先生”。她的职业是《纽约客》杂志特约撰稿人。

这样特立独行的女人，为何会掩护地下党员杨刚翻译《论持久战》？项美丽的好友邵洵美之女邵绡红这样写道：“她是出于正义良知，一种国际主义的道义。淞沪会战的炮火就在她身边燃烧，南京大屠杀的事实在她友人间传播，她看清日寇的丧心病狂，怎能不站在中国人民一边？”

的确，项美丽很清楚杨刚的身份。作家、文学博士王璞研究认为，项美丽那篇题为《为了全人类》的文章里，女主角“珠小姐”就是以杨刚为原型创造的。她在文中写道：“在我上海寓所来来去去的所有租客中，我最喜欢珠小姐。她是一位共产党人，是中国爱国分子。”即便如此，项美丽还是毫不犹豫地为杨刚提供了一个安全的写作场所，她甚至还参与了《论持久战》英译稿的出版和发行工作。

1938 年 11 月，一本英文杂志悄然出现在上海的外国侨民手中。杂志上，赫然印着《论持久战》的英译稿 *Prolonged War*，作者署名为 Mao Tse Tung（毛泽东）。这本杂志就是项美丽主编的 *Candid Comment*（中文可译为《公正评论》）。

确切地说，*Candid Comment* 的主编应是项美丽与邵洵美两人。

邵洵美，中国现代诗人，素有“文坛孟尝君”之称。他是当时上海有名的出版家。与邵洵美的偶遇改变了项美丽只在中国短暂停留的计划，她决定住下来，就连她的中国名字项美丽也是邵洵美所起。

Candid Comment 这本英文杂志就是两人合编的，它还有一个中文版“双胞胎姊妹”，即邵洵美主编的抗日宣传杂志《自由谭》。为了安全起见，两份杂志的编辑人和发行人都由项美丽出面担任。

杨刚秘密翻译的《论持久战》，就连载在 1938 年 11 月 1 日第 3 期至 1939 年 2 月 9 日第 6 期的 *Candid Comment* 上，文章译者署名为 Shih Ming，即“佚名”。正文前还有一段编者按：“近十年来在中国出版的书中，没有别的书比这本书更能引起大家的注意了……它不仅仅预示着战争在威胁着我们，而且这个预言乃至种种情节都惊人地得到了证实。中国每个有识之士都熟悉这本书，但还是在这个连载中它才首次以英文出现……”

秘密发行的单行本

1939 年 1 月 20 日，毛泽东在延安为《论持久战》英译稿单行本专门写了一篇序言，题为《抗战与外援的关系》。毛泽东在序言中写道：“上海的朋友在将我的《论持久战》翻成英文本，我听了当然是高兴的，因为伟大的中国抗战，不但是中国的事，东方的事，也是世界的事……希望此书能在英语各国间唤起若干的同情，为了中国利益，也为了世界利益。”

毛泽东序言中提到的“上海的朋友”，其实就是指杨刚、邵洵美、项美丽等人士。是的，英译稿《论持久战》在 *Candid Comment* 连载的同时，就计划另以单行本小册子的形式发行。由于邵洵美的时代图书出版公司不能印刷英文，单行本的印刷事宜被邵洵美委托给王永禄一手承办，后者是他在时代图书出版公司的助手，亦是邵洵美的好友。500 册书印出后，一部分由杨刚通过中共地下党组织渠道发行，另一部分由邵洵美与王永禄秘密发给在沪的外籍人士。

这 500 册英译本虽然发行数量不多，但对当时在上海乃至国外的海外人士尽快了解中国抗战形势，以及宣传中国共产党正确的抗战方针起到了关键作用。率先连载《论持久战》英译稿的 *Candid Comment* 和它的中文版《自由谭》杂志，则因日本人的“重视”，不得不于 1939 年 4 月停刊。最终，《自由谭》仅出版了 7 期，英文版 *Candid Comment* 出版了 7 期。

而翻译了《论持久战》的杨刚，很快投入了新的战斗，从上海到香港，从桂林到浙赣前线，都留下了她忘我工作的身影。新中国成立后，杨刚先后在外交部、国务院总理办公室、中宣部国际宣传处、人民日报社工作。可惜，1957 年，刚刚 50 岁出头的杨刚不幸逝世。

或许是因杨刚的早逝，或许是她一生做过的革命工作太多，抑或是因工作的秘密性质，很长一段时期，杨刚翻译《论持久战》一事并不为大众所知。20 世纪八九十年代，《杨刚文集》和传记相继出版，也不曾提到这段往事。直到邵洵美的女儿邵绡红著文，这段传奇的历史才渐渐公之于众。

指引抗战胜利的灯塔

《论持久战》诞生后，通过报纸杂志、小册子等形式传播。这部伟大著作武装了很多人的思想，产生了广泛而深远的影响。

文学理论家林默涵回忆在《解放》周刊读到《论持久战》的情景时说：“我看到的时间也就是 1938 年 7、8 月的样子。我是在武汉郊区的山上一口气读完的。越看心里越亮堂，越看越高兴。中国不会亡，但也不会速胜。我从心底里呼出了这句话。”他坦承当时的心情，“奇怪得很，仿佛自己换了个人一样，由茫然变得有信心了”。正是因为看了《论持久战》，林默涵萌发了去延安的愿望，并在延安加入了中国共产党。

1938 年年底至 1939 年年初，《论持久战》辗转传入东北地区，它的理论光芒迅速照亮了抗联战士们的心。跟随杨靖宇直至最后的警卫员黄生发回忆：“靖宇将军善于学习。我印象最深的是，他有一本《论持久战》，油印本，经常阅读。”王一知是周保中将军的夫人，很多年后她还记得周保中组织大家学习《论持久战》的样子：“记得是 1938 年的一个夜晚，部队刚刚宿营，保中便在篝火旁召集大家开会，只见他手里拿着两张旧报纸，激动地说：‘同志们，这是《新华日报》，上面登着毛主席的《论持久战》，有了党中央和毛主席的指示，我们的斗争就更有办法了！’”话音未落，全场立刻响起了欢呼声。

不仅是党内人士和民主人士将《论持久战》视为指引抗战胜利的灯塔，就连一些国民党高官都肯定了《论持久战》。曾任白崇禧秘书的程思远回忆，白崇禧从周恩来那里得到这部著作的原文，看后深表赞同，并将此文的基本精神摘成两句话：“积小胜为大胜，以空间换时间。”

1938 年 4 月，国民党高官卫立煌访问了延安。陪他同行的赵荣声后来在《卫立煌访问延安》中写道，自此以后，“卫立煌对于延安出版的书籍、杂志看得多些了，不只是看看标题，而且翻阅一部分文章。最突出的一件事就是叫我陪他细读七月七日发表的毛泽东同志的名著《论持久战》”。这本书有效纠正了卫立煌早期的速胜论与唯武器论思想，而且使得卫立煌“对于八路军打独立自主的游击战，深入敌后建立根据地有所理解、有所同情了”。

令人意想不到的是，蒋经国也曾研读《论持久战》。中共地下党员余致浚曾打入国民党机关，担任蒋经国的机要室文书。余致浚逝世后，侄女葛娴在其遗稿中发现了一份材料，里面提到，1940 年初的一个傍晚，蒋经国邀请余致浚等人去家里喝咖啡，聊天儿时，“蒋经国突然把话锋转到毛泽东的《论持久战》了……我们自然是仔细聆听，他对《论持久战》佩服得五体投地……他还说，他已阅读过七八遍了，有时间还要下功夫去钻研。同时，他从书架上取出一本《论持久战》的单行本，全书已翻阅得很旧了，书上红蓝铅笔画的道道、圈圈，密密麻麻，书边周围写满了中文和俄文”。

不怪蒋经国佩服得五体投地，随着抗战形势的发展，历史几乎完全应验了毛泽东在《论持久战》中的预测。正如斯诺所说的那样：“无论人们对共产党人可能抱有怎样的态度，无论人们自身代表哪个阶层，大多数中国人都承认，毛泽东对国内和国际力量做出了准确的分析，并且正确预见了未来政治形势的基本走向。”

本文来源：2021 年 7 月 27 日《北京日报》9 版、12 版

破雾见真章

中外记者西北参观团的延安解码记

杨丽娟

1944 年 6 月，延安迎来了一批特殊的客人——中外记者西北参观团。参观团一行共 21 人，其中包括 6 名外国记者和 9 名中国记者。这是抗日战争全面爆发以来，奔赴延安的最大的新闻采访团体。

在此之前的 1939 年至 1943 年，陕甘宁边区被严密封锁，延安几乎没有任何外国友人往来。在国民党的宣传中，共产党“袭击国军”“破坏抗战”，这让驻重庆的外国记者更加好奇：封锁线的后面到底发生了什么？

突破重重障碍的西北之行，打破了国民党长期的新闻封锁，是继斯诺的《西行漫记》之后，外国记者对红色中国规模最大的一次采访报道。在中外记者的镜头和笔下，带有神秘色彩的中国共产党、隐蔽而壮阔的敌后抗战逐渐揭开面纱，一个孕育着中华民族希望的未来中国雏形，首次全面地展现在外国公众面前。

几番周折成行的记者团

1943年年底，哈里森·福尔曼(Harrison Forman)是第一个向国民党当局正式申请赴延安采访的外国记者。

福尔曼对中国的兴趣由来已久。卢沟桥事变前夕，他曾抵达陕北，采访了正准备奔赴抗日前线的中国红军。彼时，福尔曼对国共合作的抗日民族统一战线极为赞赏，没想到，几年后他却看到了截然不同的情形。1940年，作为美国《纽约时报》和英国《泰晤士报》、国家广播公司驻中国记者，福尔曼再次来到中国。他惊讶地看到，“中国正在作着生死的抗战，以反抗致命的日本封锁。然而中国最精锐的50万军队，却据说正用以封锁他们自己的人民，北方的中国共产党”。

蒋介石以及国民党的其他高官告诉福尔曼和他的同行，共产党“强占国土”“袭击国军”“破坏抗战”，却不允许任何一个新闻记者前往共产党区域。这反而激发了外国记者们对共产党更大的兴趣。“究竟封锁线的后面发生了什么？这些共产党果真像政府当局所形容的那样坏吗？他们是不是背叛了中央军？他们可曾拒绝打日本？……”一连串的疑问，促使福尔曼和他的同行们，一次次向国民党当局提出了赴延安采访的申请。

最后能够成行的外国记者仅有6人，包括福尔曼，美联社记者斯坦因，《纽约时报》《时代》记者爱泼斯坦，路透社记者武道，塔斯社记者普金科和美国《天主教信号杂志》记者夏南汉神父。其中夏南汉神父还是国民政府精心挑选的具有反共倾向的记者。

即便如此，蒋介石还不放心，指定了国民党外事局副局长谢保樵担任领队，新闻检查局副局长邓友德担任副领队，要求中外记者必须统一行动，记者们的每一篇报道都必须经过新闻检查。为了“先入为主”，还规定采访路线必须先访问西安和阎锡山控制的晋西，然后才可进入陕北。

如此几番周折，5 月 17 日，21 人组成的中外记者西北参观团出发了。

进入另一个世界

1944 年 5 月 31 日，一艘大木船摇摇摆摆，渡过了汹涌的黄河，参观团终于从山西省的阎锡山防区进入了陕甘宁边区。没有旗帜，没有标语，也没有奉命行事的人群一面跳跃一面齐声欢呼，前来迎接参观团的只有两位脸色愉快的农民，爱泼斯坦感觉自己进入了另一个世界。

休息一晚后，参观团见到了王震将军。由于国民党故意临时改变了渡河地点，王震不得不在一天内赶了 250 里路，因此，出现在众人面前时，他穿着一身沾满尘土的灰色制服、一双草鞋，大脚趾上还缠着绷带，血迹斑斑。爱泼斯坦感叹：“他是一位将军，但身上没有任何显示军阶的标志，看上去同一个普通士兵一样——他在仪容和态度上同那些穿着量身定做的军服、戴着白手套的国民党军官们显得多么不同。”

满身尘土的王震从容地带着大家上路，一会儿上山，一会儿下沟。

一行人骑马走了好几天，一路上，牛羊满山，农田里种满了小麦、谷子、棉花和玉米。令人惊异的是，田地里农民使用的锄头和犁铧有的竟是钢制的，一问才知，它们的原材料来自远在华北拆毁的敌人铁轨。这里的老百姓也不一样，在中国其他地方，老百姓一见到大兵就满面愁容，这里的老百姓不仅给战士们送来热腾腾的茶水，主动帮战士们照料马匹，还上前打听他们护送的这些“奇奇怪怪”的人是来干什么的。

走到南泥湾时，福尔曼看见一群一群的人在田里劳动，走近才发现他们是参加大生产运动的士兵。“他们一面挥舞着锄、耙和铲，一面唱歌。他们搭起来的来复枪、机关枪、手榴弹和迫击炮就在附近堆放着，堆放的方式是有秩序的军操方式。这些军械几乎全是日本制造和在战场俘获的。”

这一切让爱泼斯坦“既吃惊又激动”。不过，当他们于6月9日正式到达向往已久的延安后，一行人很快发现，迎接他们的是更加“强烈而令人惊奇的生活”。

参观团被安置在南门外新市场南边的延安交际处，这是30多孔新开的窑洞。据时任延安交际处副处长金城的回忆，对于接待参观团的工作，周恩来副主席指示了八个大字，“宣传出去，争取过来”，在生活方面要热情周到，物质上尽量予以优待，但切不要搞铺张浪费。

根据指示，记者到来以前，交际处工作人员一起动手把交际处院内的草坪打扫得干干净净，客房布置得朴朴素素，还特别自制了“土沙发”。所谓“土沙发”，有的是开凿窑洞时，在墙壁上按照沙发的样式挖凿出土靠椅，再加上棉垫子；有的是木板加棉垫的长木板椅，上面绷上蓝白两色的土印花布。精心布置的窑洞，让福尔曼赞叹“比我们在重庆的记者招待所还好”。充足供给的一日三餐，更是让记者们感到了边区的“丰衣足食”。《新民报》记者赵超构这样描述：“每晨起来，头一件事是享受那一顿丰盛的早餐。鸡蛋牛油面包都是用大盘盛在桌上，任你吃多少，此外还有馒头，红枣小米稀饭。中餐晚餐，是四菜一汤，平常吃馒头，大米饭少见。要吃酒也有预备，只要你吩咐好了。”

刚刚安顿下来的斯坦因发现，共产党似乎不急于宣传，他们的态度好像是说，用你们自己的眼睛来看吧。不过，没过多久，斯坦因就前所未有地忙了起来。因为他意识到，在这里可以“完全自由地去做调查，想去哪里就去哪里。没有不准问的问题，也没有被拒绝的答复”。于是，从边区政府到新闻单位，从中央医院到兵工厂，从大学到模范农场，从自治组织的会议到日本工农学校，一个被严密封锁以致在外界看来长期扭曲的新世界，逐渐展现在了斯坦因等人的眼前。

记者们并不知道，早在他们到来之前，周恩来就向交际处着重指出，“宣传工作，要实事求是，介绍我们的成绩，也要说明我们工作中有错误、有缺点，说明我们有克服错误、缺点的办法，切不可虚张浮夸，更不可弄虚作假”。正是这种光明磊落、开放自信的姿态，才让斯坦因大为感慨：“我和共产党的领袖、非共产党的领袖、负责任的官员一谈几个钟头，我恐怕没有多么注意他们的时间宝贵。我反复地拷问他们，不顾礼貌地询问他们政治生活里的细节，根据国民党对于‘匪’的攻击而提出种种不入耳的问题。在东方我还没有碰见任何能让别人如此访问的人，但是延安的人似乎并不在乎。”

采访毛泽东

6 月 12 日早上，来自毛泽东的浅红色请柬送到了中外记者手中。出发赴宴之前，赵超构突然发觉自己赤足穿着新买的凉鞋，未免不庄重，他想去穿一双袜子，但招待他们的人坚决保证，没有关系，“这边是不讲究这些细节的”。果然，到了杨家岭中央大礼堂后面的会议室一看，许多延安干部都穿着草鞋，毛泽东穿的一套毛呢制服也是陈旧的。

毛泽东笑容满面地跟大家一一握手，致辞说：“欢迎诸位在这般炎热的天气里来到延安。我们有一个共同的目的，就是打倒日本军国主义分子及世界所有的法西斯。为了这一共同目的，你们到这里来了。”简短的发言后，他开始详尽地回答记者们的问题。

关于国共谈判，毛泽东说：现在还在谈判之中，我们希望谈判有进步，并能获得结果。

参观团进入边区时，恰逢欧洲开辟了第二战场。关于这个新局面，毛泽东表示：影响会是很广泛的，直接影响欧洲，将来亦会影响到太平洋与中国。但“中国的问题还要靠中国人自己努力，单有国外情况的好转，是不能解决问题的”。

关于中共的主张，毛泽东强调了民主与统一的关系，他说：只有民主，抗战才能够胜利。我们很需要统一，但是只有建筑在民主基础上的统一才是真正的统一。国内如此，新的国际联盟亦将是如此。

只有民主的统一，才能打倒法西斯，才能建设新中国与新世界。

谈话一直持续了 3 个小时。晚餐后，毛泽东邀请记者们一起观看《古城会》等戏剧。散场时已是夜里 11 点，毛泽东微笑送客。第一次会见，让赵超构感觉“完全出乎意料的轻松”。

后来，斯坦因最先突破国民党统一行动的“纪律”，单独采访了毛泽东。他和毛泽东的谈话就发生在毛泽东简单的窑洞接待室里，窑洞里家具稀少，向外看出去是一个古老的果园。毛泽东坐在一把摇椅里，香烟一根接一根，有时他会站起来，一边在窑洞中来回踱步，一边缓慢、系统地回答问题。傍晚，远道而来的美国记者与中国革命的领导人，就坐在院子里的苹果树下共进晚餐，然后，回到窑洞内继续谈话。谈话时，毛泽东注意到斯坦因面前的小桌子摇摇晃晃，便转身走到外面，拿来一块扁平的石头，垫在一条桌子腿下。

毛泽东没有回避斯坦因的任何一个问题，斯坦因也有很多问题要问，但他注意到天色已晚，几次提议告辞。没想到，毛泽东却坚持作更多的晤谈，就这样，两人从下午 3 点一直谈到了深夜 3 点，最后，斯坦因已经神志困顿，毛泽东“仍然像下午一样的精神饱满、生气勃勃，谈话井井有条”。

爱泼斯坦最意外的是毛泽东的亲切随和，他发现，“在延安，毛是可以接近的，并且是很简朴的。他会在遍地黄土的大街上散步，跟老百姓交谈，他不带警卫。当和包括我们在内一群人拍照时，他不站在中间，也没有人引他站在中间，他站在任何地方，有时在边上，有时站在别人身后”。毛泽东及其他领导人和记者们吃饭时，没有宴会的礼节和规模，交谈很方便，饭菜也简单。

毛泽东给爱泼斯坦留下的另一个深刻印象，是“从容不迫和安然自得”。他极擅长于委托他人负责某件事，以使他有充分的时间去考虑、分析一个更大的远景。这与蒋介石的举止形成了强烈反差，爱泼斯坦认为蒋介石“刻板、拘谨、神经质、语言单调”“经常处于紧张状态之中”，没有必要地过问过多的烦琐事务。

参观团在延安马不停蹄地参访了一个多月，记者们近距离地接触了毛泽东等中共领导人。不仅是毛泽东，每个领导人“与人民打成一片”的平等、各不相同的性格魅力，都给记者们留下了深刻的印象。

周恩来外表看像个书生，他说话有力、清晰，从不敷衍了事或使人感到乏味。朱德看上去“更像是任何人的父辈，在辛辛苦苦干了一整天的活儿以后，心满意足地回到家里，解开衣扣，放松地靠在一边坐着，笑眯眯地和你交谈”。聂荣臻细高身材，“他的带有敏锐的智慧的长脸，像他的整个的人一样表现着非常的意志力、纪律和进取精神，然而他是十分人性的，他非常谦逊，他有优良的幽默感”。贺龙只要一出现，气氛就会活跃起来。在南泥湾开荒的王震，说话那么直率，像个庄稼人，他的手上长满了茧子。

中共领导人的风采，与传闻中的共产党人截然不同，以至于爱泼斯坦特意写了一篇通讯《中国共产党是些什么样的人》。在通讯中，他介绍了生平迥异的一大批共产党员，其中既有毛泽东、朱德、周恩来、李富春、邓发、聂荣臻等领导人，也有一些连名字都没有记录的旅长或政府委员。最终，爱泼斯坦得出了这样的结论：中国共产党及其当前的支持者代表的是这个国家最广泛全面的阶层。

人民自己在为人民办事

在封锁线的后方，边区究竟有没有民主？这是福尔曼延安之行最关注的问题之一，也是国民党处心积虑抹黑共产党的重点之一。当时在《中央日报》工作的王抡楦曾回忆，《中央日报》记者访问延安的任务之一就是扩大反共宣传，宣传的第一个重点就是“污蔑陕甘宁边区是封建割据，人民没有真正的民主”。

然而，事实胜于雄辩，当参观团来到延安，一切谎言就不攻自破了。

7 月 13 日，福尔曼等 5 位外国记者应邀列席了一次会议，这是陕甘宁边区政府和边区参议会常委会的联席会议。

前一天，参观团的中国成员和夏南汉神父提前离开了延安。领队谢保樵和副领队邓友德似乎意识到，蒋委员长允许参观团到延安来是一大错误。蒋委员长大概以为外国记者在边区长期居住，就会发现“中共的行政工作只是滑稽剧，作战努力只是欺骗”，那简直错得没边了。谢和邓试图带外国记者一同离开，结果被毫不留情地拒绝：蒋介石不是要求我们在延安至少待 3 个月吗？

留下来的 5 位外国记者看到了一个从未见过的会议现场：20 多名委员围坐在一张长桌四周，麻雀从门窗的缝隙中飞进飞出。1939 年 1 月正式成立的陕甘宁边区参议会，是边区的最高权力机关。作为最高权力机关的“官员”，这些参议员的形象很特别，不论年龄大小，他们的脸都被太阳晒成紫铜色，布满皱纹，其中有些人还是骑马来的。20 多名出席委员的身份和职业各不相同，有地主和士绅，有知识分子和教师，有医生和士兵，也有商店店员和佃农，其中只有 8 位是共产党员。

这是因为，1941 年，边区开始实行“三三制”，也就是说，任何城镇或区域的参议会和政府职位中，共产党员的人数都不得超过 1/3，其他 2/3 的职位留给各阶级、各民族中主张抗日和民主的非共产党人士。如果选举结果共产党员超过了 1/3，他们就会主动放弃多余的职位。

主持联席会议的是李鼎铭，他是“三三制”政府中最有代表性的民主人士之一。这位 64 岁的开明绅士，曾为发展地方教育努力了 30 年，又有精湛的中医医术，因此在陕北很有名望。他很少过问政治，但从 1941 年开始，被选举担任了边区政府副主席。

最初遇到这位“牙齿脱落、身体脆弱”的老人时，斯坦因不以为然，他还怀疑共产党把这位在县里声望极高的温和老人挑选出来，只是作为赞美新民主主义的傀儡。但是，当跟李鼎铭以及农民、工人等大大小小的人物谈话后，他的想法改变了。

“你是个非共产党员的地主，你以为你在边区政府真能起什么作用吗？”斯坦因的问题很尖锐。

李鼎铭“如羊皮纸般”的脸上，很快露出了满是骄傲的笑容。他慢慢地回答：“我当选（边区政府副主席）以后拜访毛泽东的窑洞时，第一次遇到他。我当时就告诉他说，我有一个议案要提出来。毛泽东很感兴趣。我坦白地告诉他，因为困难，现在必须在军队和政府中实行精兵简政。”

毛泽东当即同意了这个大胆的建议，不久，李鼎铭在参议会上将议案提了出来，获得一致通过。“一生之中我从来没有这样快乐过，因为自从辛亥革命我对社会改革发生兴趣以来，这是我第一次看见真实的进步。”李鼎铭告诉斯坦因。

为了实际观察共产党领导的民主，记者们还进行了“突击”拜访。福尔曼步行2小时，来到一个村子旁观了一场最普通的选举。他看到，村民们正在选出地方人民参议会的代表，全村650名选民的名字张贴在一块公告板上。正如共产党所说的那样，选民“不分阶级、政党、派系、宗教、信仰、私有财产、性别或民族”。经过筛查，只有3名被宣告无选举资格，其中一人为低能者，另外两名未满18岁。随后，候选人一一站起身来，讲解他们的政策纲领。

不识字的农民，用种种通俗的办法代替投票。除了广为人知的美国作家安娜·路易斯·斯特朗描述的“投豆入碗”，赵超构在1945年出版的《延安一月》中还介绍了几种投票办法，有的地方把选举称作“烧香窟窿”，意思是用燃着的香在被选人的名字上烧一个窟窿；有些地方，则由一个人背一只箱子，巡回到选民家里去请他们投票，这叫作背箱。

目睹了边区的“草根民主”，爱泼斯坦情不自禁给远在重庆的妻子邱茉莉写信，揭露被国民党歪曲的事实：“我不知道在重庆那种浑浊沉闷的气氛中，这听起来有多么真实，但是在这里，它是真的，是千真万确的……这里是新中国也是新世界的模型。这是民主，不是自封为人民的朋友的人在为人民办事，而是人民自己在为人民办事。”

亲历战斗

莫里斯·武道在参观团中的身份比较特殊。延安大学历史文化学院教授赵红长期从事国际友人在延安的研究，她说："武道来延安的身份是路透社、《明星周刊》和《巴尔的摩太阳报》记者，实际上他还是国民党中央宣传部的顾问。从武道采访毛泽东的言论也可以看出，他本来是偏向于国民党中宣部的。"

据说，最初听说武道成为代表团成员时，其他同行外国记者纷纷抗议，有人甚至认为他是国民政府派来的"走狗"，有碍记者团对延安新闻报道的客观性。没想到，武道亲访延安并亲眼看到中共与日军作战后，却专门写了一篇题为《我从陕北回来》的报道，发表在重庆《大美晚报》上，驳斥国民党关于中共游而不击的谣言。

他在报道中写道："关于十八集团军是否在和敌人作战，我能够回答'是的'。我在晋西北看见了这样的战斗，看见了受伤和阵亡的中国士兵，而且和被俘的敌军和伪军谈过话，就在他们刚刚被俘之后的几个小时里。同时我也看见一大批从敌人那里夺到的战利品，还用日本火柴吸了日本纸烟，喝了日本果子露，吃了日本饼干和罐头。"

武道亲历的战斗不止一次。那是 1944 年 9 月，他和福尔曼、爱泼斯坦、斯坦因、普金科在八路军和翻译的陪同下，自延安东渡黄河，来到了晋绥军区。在旅途中，记者们遇到了正在前线参观的美军观察组军医卡斯堡少校。当晚，他们一同宿营在距离汾阳城仅 20 里的村庄。这时，正逢八路军和游击队夜袭敌人在山西的重要战略据点汾阳县城。于是，记者们和卡斯堡少校登上距汾阳仅 10 余里的山上，亲眼看到八路军烧毁了敌人的火车站、机场和一个火柴厂，拿下了城门外的一座碉堡，击毙和俘虏了日伪军，并缴获了机关枪、步枪以及香烟、饼干等战利品。

战斗胜利后，周边村庄的老百姓纷纷杀猪宰羊，成群结队地提筐携篮，满盛瓜果肉蛋，赶到军队驻地慰问战士们和国际友人。此情此景，深深触动了福尔曼，他不禁感叹："过去有人告诉我们说，八路军不打仗，没有伤兵，没有俘虏，人民害怕八路军，恨八路军，今天这些谎话已被事实揭穿了。"

几天后，记者们来到汾阳以北的娄烦镇，又遇到八路军包围日军据点。僵持许久，据点里的 300 名日军和百余名伪军拒不投降，于是，八路军和游击队决定挖地道，爆破敌人的炮楼。爱泼斯坦在通讯中记录了当时的情形："我们在部队掩护下到达距敌人炮楼仅 300 码的地方。敌人发现我方在挖地道，就用步枪、机枪、迫击炮和 75 毫米野战炮开火射击，我们趴在地上……第二天晚上我们在另一个村子里宿营时听到猛烈的爆炸声，说明作战已获胜利。"

10 月 2 日，5 位外国记者同卡斯堡少校一起离开晋绥军区，返回延安。爱泼斯坦粗略统计了一下，发现他们在晋西北停留的一个多月，单是这个军分区就摧毁了敌人据点 20 余处。

而令武道深感震撼的是，不仅八路军抗击日军打得勇猛，就连每个普通的村民都有强烈的抗战意志。他在《我从陕北回来》一文中写道，在晋西北，有些区域离敌人只有几英里远，"每一个男人、女人、小孩子和士兵（都有）要和敌人斗争的强烈的愿望"，"老百姓用各种的方式和军队合作，帮助看护和撤退受伤的士兵。他们也独立地攻击敌人坚固的据点，在许多场合，他们在村庄的周围埋下如此之多的地雷，使敌人不敢走进去。”

外国人的眼睛亮起来了

1944 年 10 月下旬，5 位外国记者返回重庆，结束了他们 5 个月的延安之行。离开延安之前，毛泽东来到交际处同他们话别，并送给他们每人一幅毛泽东的签名画像，爱泼斯坦后来一直将这幅画像挂在自家客厅的正墙上，福尔曼则在他的笔记本上郑重地写下了一行字：“延安，中国的希望之星在闪烁……”

中国的希望在延安，这不是福尔曼一个人的感受。早在参观团尚在延安访问时，外国记者们发自红色中国的报道就陆续发表在海外报刊上。1944 年 7 月 1 日，伦敦《泰晤士报》刊载了毛泽东接见中外记者团全体成员时的谈话；同一天，美国《纽约时报》发表了根据爱泼斯坦报道写成的评论《中共领导下的军队是最强大的》，称中共军队在对日作战中“是我们有价值的盟友”。最让国民党懊恼的是，就连蒋介石寄予厚望、具有反共倾向的夏南汉神父，也表示“报上指斥共产党的那些事，我在延安没有看到”。

不过，由于国民党的新闻检查，“外国记者们根据实地参观考察撰写的 100 多篇电讯稿，大多数都被国民党新闻检查人员全文扣检，或者删去主要内容”。赵红教授说，“这导致外国记者与国民党中宣部的矛盾进一步加深，参观团的活动不仅没能给蒋介石加分，反而加速了国民政府在舆论宣传上的失败”。

新闻检查只能控制一时，外国记者回国后出版的图书传播速度之快，范围之广，很快打破了国民党的新闻封锁。1945 年，福尔曼率先在美国出版《来自红色中国的报告》；1946 年，斯坦因出版了《红色中国的挑战》；1947 年，爱泼斯坦《中国未完成的革命》问世。三位记者的三本书，不约而同地用大量事实、调查和对话，展现了中国共产党的魅力和他们领导的敌后抗日根据地对日反攻的在巨大潜力。这些专著不但在国外大量发行，后来还大都译成了中文，在国民党统治区广泛地传播。

此外，由于善于规避“审查”，巧于用笔，《新民报》记者赵超构关于延安之行的客观报道，也集结成了《延安一月》出版发行，受到国统区读者的欢迎。毛泽东曾评价《延安一月》，“能在重庆这个地方发表这样的文章，作者的胆识是可贵的”。有胆识的赵超构，其实是国民党多番研究后才选定去延安的。据当时在《中央日报》工作的王抡楦回忆，国民党中宣部对《大公报》和《新民报》的外勤记者很不放心，认为其中大多数人倾向共产党，不易控制。这两家报纸的人选被否决了好几次，最后国民党中宣部才勉强同意派《新民报》主笔赵超构去延安，因为其听力很差，人称“赵聋子”，平日也不爱活动，不是活跃分子。万万没想到，恰恰是看似“安全”的赵超构，写出了让国民党后悔不已的《延安一月》。

1944 年 8 月，毛泽东在《解放日报》的一篇社论中说：“事实胜于雄辩，真理高于一切，外国人中国人的眼睛，总有一天会亮起来的。现在，果然慢慢地亮起来了。”

的确，正如美国学者肯尼斯・休梅克所说的那样：“在某种意义上说，记者团的西北之行可以同埃德加・斯诺 1936 年赴保安相提并论……在 1944 年到 1945 年间，外国记者的文章向人们展示了一件已经消失很久的东西，即有关中国共产党的权威性资料。”正是在这些记者的镜头和笔下，一个孕育着中华民族希望的未来中国雏形，自信、坦荡地步入了世界舞台。

本文来源：2021 年 6 月 29 日《北京日报》17 版、20 版

第三部分

看不见硝烟的战场

智刃破铁幕

科学家在敌后的无声战场

董少东

在经典的老电影《地雷战》中，“一硝二磺三木炭”的火药配方，“不见鬼子不挂弦”的经典台词，早已被几代人熟知。

事实上，“一硝二磺三木炭”造出的是黑火药，威力远不足以有效杀敌。真正令侵华日军魂飞魄散的地雷，装填的是成分复杂得多的化学炸药。这些炸药的配方和工艺，不是庄稼汉出身的游击队员能创造出来的，而是由中国最智慧的大脑——一群年轻的物理学家、化学家创造出来的。

在当时，称呼他们科学家为时尚早，他们正年轻，风华正茂，是清华大学等中国顶尖学府的学生或青年教师。钱学森、李政道这些闻名遐迩的大科学家，是他们的同辈学人；他们的导师，是中国物理学奠基人叶企孙；他们当中的汪德熙、葛庭燧，后来成了中国科学院院士。

日本侵华，国难当头，他们义无反顾地投身抗日战场，用自己的知识和智慧救国杀敌。他们用肥田粉造炸药，用植物油造石油，改进子弹无烟火药，造雷管，造机器……他们是根据地军工事业的中坚，为之贡献了智慧、心血乃至生命。

战火颠沛

1937 年 7 月 7 日，卢沟桥事变爆发，中国开始了全国性的抗日战争。事变本身突然，但这场战争，对侵略者日本和被侵略的中国来说，都不意外。

日本侵华是蓄谋已久的，其狼子野心昭然若揭，不必多言。国民政府在 1931 年九一八事变之后也已经意识到，中日关系不是战与和的问题，而是何时战的问题，国民政府并为此开始做迎战准备。

但是，当时中国与日本之间军事实力存在着巨大鸿沟，军事上的准备远不足以弥补这一劣势，更何况国民政府将军事上的主要精力都用在了“围剿”共产党上。此后的战事进程印证着中日的差距。相对而言，国民政府最有意义的战前准备，是“九一八”之后故宫国宝的秘密南迁，保全了国之重器、民族瑰宝。

还有一种“国宝”，也在“九一八”之后悄然准备着南迁。这就是京津两地的大学。

20 世纪二三十年代，是中国近代史上风云际会的大时代，也是中国科学、文化大师辈出的时代。众多令后人高山仰止的学人大师灿若星河。特别是清华、北大两所大学，大师大家尤为集中。

这些人物不但是国宝级大师，即便是他们的学生——当时的大学生，相对于中国的人口基数也可以说是凤毛麟角，是国家科技的栋梁之材。其中，很有代表性的要数清华物理系。

1929 年到 1938 年的清华物理系，是中国高教史上一个不朽的传说。这期间清华物理系共毕业本科生 71 人，其中成为中国科学院院士的有 21 人，成才率之高世所罕见。当时执掌清华物理系的叶企孙是中国物理学奠基人，新中国“两弹一星”的 23 位功勋科学家，有 9 位是叶企孙的学生。

战争的警钟，在 1931 年的九一八事变中就已经敲响。北平的大学师生们忽然发现，战争的烽火已经渐渐逼近象牙塔。到 1936 年，日军进驻华北，“北平已成国防最前线”，北平的国立大学开始筹划南迁。

1937 年 8 月中旬，国民政府命令清华、北大、南开三校合并南迁，三校联合组成国立长沙临时大学。

国立长沙临时大学于当年 10 月 25 日开学，11 月正式开始上课。未及两月，南京沦陷，武汉危急，战火逼近长沙，国立长沙临时大学被迫再度迁校至昆明，即为西南联大。西南联大校歌中“万里长征，辞却了五朝宫阙。暂驻足衡山湘水，又成离别”，吟唱的正是这段颠沛流离的岁月。

清华校长梅贻琦远在庐山，校务由叶企孙主持。叶企孙安排好应急事宜，组织教职工疏散、南迁，随后准备经天津南下。行至天津，却发现海陆交通都被战事断绝，叶企孙当时身染伤寒，只能暂时栖身英租界的清华同学会。

这一年，本是叶企孙的学术休假年。按照清华大学的安排，他本该去美国游学休假。滞留天津期间，叶企孙仍有脱离战火赴美的机会。当时天津与国内其他地区的交通虽然断绝，但远洋外轮仍在营运。叶企孙的两位助手之一是美籍教授温德，以美国护照为叶企孙提供了保护。

但叶企孙选择留在天津。一方面是由于梅贻琦联系到了他，通知了清华、北大和南开合并南迁，组建长沙临时大学的消息。梅贻琦委托叶企孙组建清华临时办事处，管理清华财物，联络并资助清华南迁师生在天津安全转站。叶企孙滞留天津将近一年，在北平、天津往来奔走，使天津成为大量清华师生南下的中转站。

另一方面，叶企孙的另一位助手熊大缜这时要离开他，投身抗日。这个变故让叶企孙开始担负起另一项重要而危险的工作。

据叶企孙回忆："1938 年春节后的一天，熊忽然告吾，他已决定要到冀中去帮助那里的人民武装抗日，那里需要科技人员帮助。"

招兵买马

冀中根据地隶属于晋察冀边区，是中共领导建立的第一块平原根据地。其位置在北平、天津、保定之间的三角地带，属战略要冲。这个区域群众基础好，物产丰富，经济相对发达，是晋察冀边区的衣粮库。

不过，这里并不是敌后游击战的理想场所。冀中以平原为主，缺少高山密林的掩护，又被平津、津浦、平汉三条铁路动脉围绕，利于日寇大部队调动，八路军则只能用两条腿与之周旋，斗争环境可以说险象环生。

然而，就是在这样的条件下，冀中根据地的游击战却打得有声有色。《地道战》《平原游击队》《小兵张嘎》等经典的抗战电影，都是取材于冀中根据地的抗战故事。冀中根据地得以不断壮大，除了中共领导下的根据地军民机智英勇作战，还有一批平津的大学师生的特殊贡献，他们被晋察冀边区司令员聂荣臻称为“边区科学家”。

张珍是较早到达冀中根据地的“边区科学家”。他是辅仁大学化学系助教，中共地下党员。卢沟桥事变爆发后，他根据党组织的指示，回到家乡河北定县，加入晋察冀边区八路军第三纵队。

起初，张珍真的是投笔从戎，带兵打仗去了。他当上了冀中军区二分区参谋长，带领部队打了几次游击战、伏击战，还得到了军区嘉奖。

随着冀中军区部队的壮大，装备、物资上的现实困难越发凸显。《游击队歌》中唱道：“没有枪，没有炮，敌人给我们造。”从敌人手中缴获确实是八路军获取装备的重要途径，但这种方式一来代价高昂，每件武器都要用战士的鲜血和生命去交换；二来所获终究有限，枪炮缴获到手可以用上一段时间，弹药却是打一发少一发，缴获量远远弥补不了消耗。

最关键的还是要靠自己，冀中根据地自力更生，着手建立自己的兵工厂。

热兵器时代的武器弹药制造，需要非常专业的科学知识和专业技能。当时中国的整个军事工业都极为落后，更何况根据地所处的都是科学、文化落后的偏远农村。

科技人才，是根据地军工首要的需求。

冀中军区司令员吕正操第一个想到的，就是当时部队中学历最高的张珍。张珍在通州潞河中学上学时就入了党，后来考取了燕京大学理学院化学系。因为负担不起学费，又转考辅仁大学化学系半工半读，并以优异成绩毕业，留校任教，以此为掩护从事地下工作。

一个张珍远远不够冀中军区所需。吕正操找到他，给他派了任务："打仗就要死伤人，没有医药不行；通信也要收发报机；打仗还需要造手榴弹、地雷、子弹、炮弹……"总之，张珍要到北平去"招兵买马"，动员一批知识分子、技术人才到根据地，还要采购药品、医疗器械、通信器材零件……

在战争期间，去敌占区采购药品、通信器材零件极为敏感，比"找人"要危险和困难，但实际上，张珍更发愁的是如何"找人"。

他很快就在北平建立起了交通站，通过一个学生家长以教会身份为掩护，为根据地输送了大量药品和医疗器械。而"找人"的任务费尽周章。

医生和广播人才，张珍通过地下工作时的关系很快找到了，但根据地急需的军工人才却没那么容易找到。这类人才，首先要专业对口，化学、物理两个专业的师生最合适。这样的人还必须有爱国心，有舍生胆。日寇侵占平津后，多数爱国师生已经南迁。张珍一时并没有明确的寻找对象。

在辅仁大学时曾经同住一个宿舍的孙鲁是个很好的人选，他是化学专业，各方面条件都符合，可是张珍找到他的时候，孙鲁正患有气胸病，需要定期到协和医院治疗。孙鲁无法到根据地，但是他答应张珍，帮忙寻找、动员根据地需要的人才。

孙鲁没有食言。不久之后，他回天津家中过春节，在街头巧遇正协助叶企孙组织清华南迁的熊大缜。孙鲁大学期间曾从辅仁转学清华，与熊大缜住在同一栋宿舍，两人非常熟悉。

深知熊大缜为人的孙鲁当即眼前一亮——熊大缜正是根据地军工人才的最合适人选。

熊大缜是清华物理系毕业，成绩突出。为适应抗日国防之需，熊大缜的毕业论文选择了与军事新技术密切相关的红外光照相术。那时候红外光照相技术刚刚出现，中国连普通胶卷都无法生产，熊大缜自己研制出红外胶卷，完成了中国第一张红外照片，深得导师叶企孙赞赏。1935 年，熊大缜毕业留校任教，做叶企孙的秘书，平时就住在叶企孙家，师生二人情同父子。

熊大缜并没有马上答应孙鲁去冀中根据地，他还要与自己的恩师商量一下。

那时，叶企孙本已安排好熊大缜去德国留学，却被忽然爆发的卢沟桥事变耽搁。一个在科技领域大有前途的青年才俊，要投身战火纷飞的险地，叶企孙不免担心，“吾是不赞成他去的，但因事关抗日，吾无法竭力劝阻，也没有什么理由可以阻止他”。

事实上，叶企孙不但没有阻止熊大缜前往根据地，相反，他和弟子一样，也满怀赤诚之心投身抗日洪流。这位当时中国的物理学泰斗，又为冀中根据地送去了更多的得意门生。

造炸药

通过张珍安排的地下交通线，熊大缜顺利地从天津到达保定，随后进入了根据地。

初见熊大缜，张珍却有了几分担心。原为辅仁大学助教，他自己已经经历了真正的战火洗礼，一身戎武之气；而眼前的熊大缜，西装革履，面皮白净，还是个书卷气十足的大学生模样。

张珍在自己的回忆录中写道："我见他穿着西装，就问：'你能吃苦吗？'他把西装领带脱下一甩：'你能吃苦我也能，你吃小米饭我也行！'"

熊大缜刚到冀中根据地时，这里的军工事业几乎是一张白纸，一缺人才、二无原料，暂时也没有真正的用武之地。他首先被安排到冀中军区印刷所当所长。虽然所做并非所学，熊大缜还是展现了卓越的工作能力和组织能力，很快被破格提升为军区供给部部长。

也正是在这前后，冀中军区得到了一笔"意外之财"。

1938 年 5 月，张珍在与冀中军区二分区司令员沙克碰面时，听沙克聊起二分区捡到了一个棘手的"便宜"。原来，二分区在饶阳、安平一带的滹沱河中发现了三艘大船，据说是阎锡山的部队遗弃的。船上满满当当装了几百只箱子，部队战士不知为何物，有人说是炸药。这让二分区既兴奋又为难。

那时候冀中军区部队的弹药，几乎都是靠土法制作的黑火药，做子弹还可以，装地雷和手榴弹就勉为其难了。黑火药的爆炸威力很有限，而且极易受潮，手榴弹扔出去不响是常有的事。即使响了，其作用往往也只是吓唬一下敌人。手榴弹弹壳只能炸开几瓣，没有多少杀伤力。“边区造”手榴弹很长时间都被部队视为聊胜于无的“样子货”。只有在破袭战时拔碉堡、炸炮楼，部队才会拿出真正的军用炸药包，那比金子还宝贵。

这三船“炸药”足有几十吨，可以说是无价之宝，可二分区却进退两难。部队知道炸药的威力和危险，没有专业工兵不敢乱动，弃之不理又实在舍不得。

张珍一听说有三船“炸药”，马上来了精神，当即让沙克派人领他去看。

找到那三艘船，张珍才发现，这些箱子装的其实是可以生产炸药的氯酸钾，离成品炸药还差着十万八千里呢。可是张珍还是激动得难以自制，“觉得自己一下子成了天下最富有的人”。他是化学专业出身，在辅仁大学时就为地下党组织制造过炸药。有了氯酸钾，不愁造不出炸药。非但如此，这三艘船上还装了红磷、电线、钢材、锉刀、锯条等等，各种原材料、工具着实不少。这笔“意外之财”就成了冀中军区军事化工的起步基础。

熊大缜马上在供给部设立技术研究社，开展烈性炸药的研制生产。从平津来到冀中根据地的青年知识分子越来越多，理工科的人才几乎都被分派到了技术研究社。张珍那时已经是军区卫生部部长，也常被拉到技术研究社参与科技攻关。

在这批受过高等教育的物理、化学专业人才手中，把氯酸钾变成炸药并不是难事。当然，炸药所需的原料不止氯酸钾一种，他们没有现成的其他成品原料，就用一些可以就地取材的材料，不断试验、改进炸药配方。

氯酸钾炸药很快被研制出来，威力非常可观。但这些青年科技人员所学毕竟不是军工专业，他们能让氯酸钾爆炸，却无法控制它的爆炸。

氯酸钾化学性质活泼，与特定物质混合，稍有不慎就会自爆。技术研究社实验的过程中，就发生了连人带屋子都被炸飞的惨痛事故。如果不能让氯酸钾炸药的性质稳定下来，再大的爆炸威力也没有意义。

炸药研制一时陷入瓶颈，熊大缜给自己的恩师叶企孙写信，寻求帮助。

叶企孙是物理学家，并不能从化学专业上给出指导。不过，清华大学化学系也曾经发生过氯酸钾爆炸的事故，叶企孙推测，清华化学系应该有人知道如何稳定氯酸钾。他想到了在北平中国大学任讲师的清华化学系毕业生汪德熙。

汪德熙虽然是化学系毕业，却也和叶企孙有密切的师生之谊。据汪德熙回忆，在清华求学时，他曾经上过叶企孙的热力学课。那个学年的期末大考，有一道题本来会做，只是因为马虎写错一个加减号，导致答案出错。而叶企孙阅卷时，一点不讲情面地把这道题的分全部扣光。

汪德熙觉得委屈，找叶企孙申辩，叶企孙告诉他，把分全扣的原因不是一个加减号，而是因为答案明显荒谬却没有被汪德熙注意并改正，这是科学态度的不严谨。汪德熙深受教育，由此与叶企孙熟悉起来。

叶企孙亲自从天津到北平找到汪德熙，动员他去冀中根据地帮助解决氯酸钾炸药的难题。恩师亲自登门，所为又是抗日大义，汪德熙没有二话，当即答应。汪德熙学的是化学专业，跟军工武器制造还是有所区别，为了不负所望，他还专门到图书馆查了几天的资料，突击恶补了有关氯酸钾和炸药的专业知识。

熊大缜去冀中根据地时，叶企孙在仓促之间满是挂怀担忧，到了动员汪德熙去冀中时，他已经思虑周详地为之提供协助。

汪德熙回忆，叶企孙帮他联络上冀中根据地的地下交通线，还教给他一句日语“わたしはクリスチャンです”（我是基督徒），让他化装成传教士作为身份掩护。汪德熙的冀中之行极为隐秘，甚至连家人都没有告诉。为免其家人担心，更为避免外人起疑，叶企孙按照汪德熙做讲师的收入，每个月给他的家中汇钱，只说请汪德熙是到天津教书。

各展所学

汪德熙到了冀中根据地，与早就熟识的熊大缜聚到了一起，欢喜之情自不待言。等到熊大缜把他带到技术研究社，看到正在使用的化学“仪器设备”，汪德熙就只剩惊讶和苦笑了——哪有什么化学实验室的影子，看上去倒像个农村的小酒坊或者豆腐作坊。

技术研究社设在任丘县楼堤村一个老乡家的院子里。试管、蒸馏瓶这些最基本的化学实验设备，在这里一概没有，更别说其他高级、复杂的装备了。几十口农村用的大水缸，就是制造硫酸的生产线，院子正中凉棚下砌了一个火炉，上面是用白铁皮做成的一个隔水加热的套锅。套锅做得很精致，应该是某个农村匠人的手工制品，与正规的恒温加热仪器有几分形似，原理也一样，效果倒是蛮好。看得出熊大缜没少动脑筋。另有一些铁砧、铁锤之类的简陋工具，一时也不明白用处。

汪德熙的到来，很快解决了氯酸钾炸药的稳定性问题。其实原理很简单，就是在氯酸钾中掺入油类，再与其他原料混合。但是，具体到各种物质的配比、加工方式，则是一个非常复杂的化学实验过程，实际效果需要一次次实验验证，危险性不言而喻。

真正的军用炸药，不但威力要远远超过黑火药，稳定性同样超过黑火药。通俗地讲，炸药要靠雷管的爆炸才能引爆，不能像黑火药一样，遭到重击、明火甚至较低的温度变化都能引爆。否则威力巨大的炸药对使用者的危险会更大。

而检验炸药的稳定性需要更为繁复、高端的实验设备，技术研究社根本没有条件。汪德熙也像熊大缜一样，很会因陋就简、就地取材，他发现了那些铁砧、铁锤的用途。

汪德熙检验氯酸钾炸药稳定性的方法简单直接——砸炮：取微量的成品，用铁锤猛砸，砸响了说明不够稳定再改进；砸不响说明炸药稳定了。

在稳定氯酸钾炸药的同时，汪德熙还不断改进配方，提高炸药的威力。他发现，在氯酸钾炸药中掺入少量烈性炸药 TNT，能够大大提高炸药性能。

但是 TNT 这种著名的炸药是侵华日军严格控制的化学品，根据地能够获得的原料十分有限。汪德熙两次秘密返回天津，向叶企孙寻求帮助。他不但需要 TNT，而且还需要制造雷管。

叶企孙给他的支援则是超出预期的。在叶企孙的安排下，清华大学化学系毕业生林风潜伏在天津的一个油漆厂，秘密配制 TNT。成品 TNT 制好后做成条状，看上去与肥皂一模一样，一般人根本分辨不出。这些 TNT 就混在肥皂箱中，不断输送到根据地。

相对而言，雷管虽小，却没法伪装。叶企孙只能采购没有任何军事目的和危险品特征的原料，送往根据地。非但如此，运送这些原料的是清华大学毕业生李琳、物理系实验员阎裕昌——叶企孙为根据地输送了新的技术力量。

同一时期，燕京大学物理系研究生张方、技术员军陶瑞也通过其他途径来到冀中根据地，成为技术研究社的生力军。这时的冀中军区供给部已经发展到大约 500 人的规模，技术研究社里，聚集了一批出自平津高校的青年才俊，其中尤以清华毕业生为多。他们各展所学，造炸药、改进枪械、制造通信设备……根据地的军工事业蓬勃发展起来。

在研制炸药方面，汪德熙和张方成了配合默契的搭档。张方撰文回忆在根据地的军工生涯时说，他和汪德熙很对脾气，那段时间几乎是形影不离。两个人一个学物理，一个学化学，提高炸药爆炸效果就是在物理和化学之间找平衡点，正好适合一起搞研究。

比如，汪德熙为了提高爆炸效果，总是尽可能往炸药筒里多加炸药，试验中却发现效果未必好，而且老有没有被引爆的炸药。这时候张方提出来，炸药并不是越多越好，而是要有一个合适的填装密度。经过试验，果然装药量少的爆炸威力远大于装药量多的。

装药量问题解决了，接下来要解决引爆稳定性的问题，这就轮到阎裕昌大显身手了。

阎裕昌没有学历，他起初只是清华大学的一个普通工人。叶企孙慧眼识人，看中了他超强的动手能力，安排他做物理系实验员。阎裕昌的能力不在学问，而在技术。

炸药需要通过雷管的爆炸来引爆。在影视作品中最常见的导火索“呲呲”燃烧引爆炸药包，导火索的那一端就是一枚雷管。导火索引信确实是八路军最常采用的引爆炸药的方式，但这种方法不能精准控制爆炸时间点，只能用来炸炮楼、碉堡这样的固定目标。还有一种方式是拉弦引爆，像手榴弹那样，但这种方式的操作距离不能太远，而且不利于隐蔽设伏。

最好的方式是电雷管引爆。阎裕昌就是来为根据地制造电雷管的。

雷管本身其实是个威力很大的小炸弹，它可比炸药要易爆得多。电雷管就是要在雷管中插入一个小装置，一通电就能引爆。而小装置与电源的铜线不好焊接在一起，每做一个电雷管都要通电验证一下是否连通。

这个检验实在矛盾。若小装置没焊好，雷管不会爆；若是焊好了，雷管就爆了，白费一个雷管不说，实验员也有危险。阎裕昌却能精确地让电流弱到不足以引爆雷管，又能证实电流通过。分寸拿捏可谓神乎其技。

这还只是把普通雷管改造成电雷管。制造雷管的过程更有危险性。雷管里面装的物质极为敏感，装药的力量稍大就能引爆。张方在一次拆除雷管的过程中，就被雷管炸掉了三根手指，手掌被炸穿了一个洞。

阎裕昌为根据地设计出安全的雷管制造方法，而且将雷管的外壳材料由铜换成了铝，减少了对这种战争时期紧俏资源的依赖。

亲手炸日本军列

氯酸钾混合炸药研制出来了，电雷管也造出来了，1938 年 9 月，冀中根据地技术研究社准备让自产的炸药投入实战。他们的目标是日军控制的铁道线。

根据情报，这一天将有一列日军军列驶过平汉线。技术研究社不但要炸毁铁路，还要在这列火车到达时引爆炸药。这也是第一次对日军军列进行直接攻击。

为了保障首战告捷，八路军这次攻击在保定南北同时展开，各有一个爆破组实施攻击。保定以南这一组由汪德熙负责，以北那一组由军陶瑞负责。

汪德熙是研制氯酸钾炸药的核心，本来不应该亲自上战场。但是，他不但去了，而且亲手操作了每一个步骤。这既是亲手杀敌的血性，也是想给跟随观摩的冀中军区工兵们做一次实战示范教学。

这些战士多是贫苦农民出身，文化水平普遍不高，给他们讲解电雷管、氯酸钾炸药的原理实在有难度，只能手把手地教他们操作，让他们当作程序死记硬背，不需理解，只要执行。第一次实战，汪德熙有些不放心这些只凭记忆来操作的战士。

这还真不是多虑。另一个爆破组，军陶瑞绘制了电路连接图，对一同出击的人员仔细讲述设置方法，然后把接线和埋炸药的工作交给了工兵。埋炸药一切顺利，等工兵接好线路，军陶瑞一检查，发现线路接错了。他为了确保能够安全引爆，把雷管的连接设计成了串联和并联相结合的方式，比平时教学略微复杂了一点，结果就把接线的工兵绕糊涂了。幸而军陶瑞自己又检查了一遍，把错误及时纠正了过来。

而汪德熙负责的这一组，他亲手把 12 个炸药筒埋到了一根铁轨下面，插好雷管后，把电线拉到了 200 米以外的玉米地里。一行人趁着夜色，埋伏在青纱帐，只等日军火车驶来。

直到后半夜，日军火车还没有来，只有一辆日军汽车，沿着与铁路平行的道路开了过去。这之后，铁轨上传来了轰隆隆的声音，驶来的并非军列，而是一辆装甲巡道车。爆破组未作理会，任其驶过。

这辆汽车和装甲巡道车，都是为日军军列查看轨道安全的。拆铁轨是八路军惯用的游击战方式，连战士们都开玩笑说自己是“扒路军”。“扒路军”的做法可谓一举两得，不仅破坏了日军交通线，扒走的铁轨还给根据地兵工厂提供了造枪造炮的钢材。

日军显然没少吃这种苦头，每逢有重要军列通过，都会先派汽车、装甲巡道车在前面查看一番。他们没想到的是，这一天，他们遇到的不是“扒路军”，而是“炸路军”，就等日军军列开到才引爆。

装甲巡道车开过去后不久，日军的军列开了过来。夜色之中只能看到黑黢黢的大蟒蛇一样的黑影，顺着铁轨高速前行。汪德熙透过玉米叶子的缝隙，紧盯着火车车头。铁轨旁的一棵小树是炸药位置的标志。火车车头刚到小树跟前，早已被攥了很久的引爆器终于按了下去。

一声巨响，列车车头歪着身子冲出轨道，侧翻着向前冲了一段。后面的车厢则歪七扭八地挤作一团。

爆破组一看引爆成功，也顾不上欢庆胜利，抱起引爆器，胡乱卷了一下电线，就向青纱帐的深处隐蔽而去。

这一次震动华北日军的爆破行动，宣告了根据地自制氯酸钾混合炸药的成功。此后，这种炸药不但经常在日军铁路线上炸响，而且装进了地雷、手榴弹、炸药包……成了八路军最有威力和杀伤力的“重火力”。

不过，这种炸药的基础原料氯酸钾，总数只有捡到的那三船，再也没有新的补充来源，总有坐吃山空的一天。汪德熙、张方和在天津为根据地秘密制造 TNT 的林风，不约而同地想到了肥田粉。

肥田粉是中国在 20 世纪 30 年代最早使用的一种化肥，主要成分是硫酸铵。通过一系列化学反应，硫酸铵可以转化为硝基化合物，再“升级”就是TNT。

在当时的中国，化肥的普及程度虽然不像现在，但无论在沦陷区还是国统区，买到肥田粉都不是难事。特别是在日伪占领区，日军为了能够征收到更多的粮食，向当地农民强行配售肥田粉。而其中很大一部分，实际上被八路军暗中买走。日军做梦也想不到，他们竟然成了八路军根据地最重要的炸药原料“供应商”。

1938年年底，冀中根据地的炸药研制、生产已经打开了局面，汪德熙觉得自己任务完成，决定离开根据地去继续完成学业。一直和他焦不离孟的张方很不赞同，极力劝阻。但汪德熙说，这里制造炸药、雷管的“种子”已经播下，他一个人离开影响不大。他继续完成学业，对国家用处更大。

汪德熙的确做了更长远的选择。新中国成立后，汪德熙以自己所学加入另一种威力巨大的爆炸物研究——原子弹。他是我国核化学奠基人，为研制原子弹、氢弹作出了重要贡献。

他们的选择

1938年八九月间，叶企孙和林风的抗日活动引起了日寇的注意，幸而他们都在天津的英租界里，日军不便直接抓人。不过，林风还是因为私造炸药的嫌疑被英租界工部局带走问话，因为没有什么真凭实据，租界工部局并没有抓捕他。

这时候，叶企孙筹集、管理的钱款也基本用罄。这些钱，除了协助清华师生南迁外，大部分变成了各种军工原料、零件，送到了冀中根据地。他甚至还给根据地送去了一台车床。

同年 10 月，叶企孙起身南下，经香港辗转到西南联大。行前，他最牵挂的就是投身抗日一线的熊大缜等学生，为此还写了一首长诗，其中一句“从君有志士，熙维与琳风”，“君”指的是熊大缜，后一句指的分别是汪德熙、刘维、李琳和林风。

“熙维与琳风”，远不能概括叶企孙实际为根据地输送的科技人才。除物理系实验员阎裕昌、工程系实验员张瑞清这样的技术高手和交通员之外，还有一位后来的中国科学院院士、清华大学物理系毕业生葛庭燧，也是在叶企孙的安排下几次前往冀中根据地，参加技术研究社工作。他多数时间在北平，以燕京大学物理系研究生的身份作掩护，为根据地购买关键器材原件，搜集科技资料。

叶企孙到达西南联大后，一直与他频繁通信的熊大缜突然断了联系。直到 1940 年 2 月，友人从天津发来电报，传信说熊大缜在冀中根据地被以特务罪名抓捕拘禁。叶企孙不相信熊大缜会是什么特务，他甚至到重庆找过董必武，尝试营救熊大缜。

然而，一切已经太晚了。在那封电报发出半年之前，熊大缜已经含冤九泉。

“熊大缜案”是冀中根据地时期最令人扼腕叹息的一起重大冤案悲剧。

该案牵连甚广，有非常多的偶发因素和特殊历史环境，其中被视为最重要“证据”的是一封来自天津的信件。这封信被夹在伪装成肥皂的 TNT 中带给熊大缜，信的内容也没什么问题，只是说“你派来的人已见到”“你需要的物资已经准备好了”云云。问题出在落款上——“天津党政军联合办事处”。

这是国民党在沦陷区设置的地下组织，实际上也是一个国共合作的统战机构。但冀中军区锄奸队并未去调查，以此就认定熊大缜与国民党特务组织私自联络，当即将其抓捕。

当时，正在合作抗日的国共关系恶化，冀中军区与国民党河北政军两界更是摩擦不断，国民党不断向根据地派遣安插特务。锄奸队正是在这个特殊背景下产生的。“熊大缜案”被扩大化，100 多位来自平津的青年知识分子、科技人才牵连被捕。

冀中军区部队与锄奸队对此案的判断并不一致，司令员吕正操是最信任、赏识熊大缜的人，对他委以重任。但那时吕正操本人也在受着错误审查，没有条件出面干预。不过，“熊大缜案”一下子抓捕那么多青年知识分子，很快被上级党组织惊觉，马上派人前来处理。

经过重新审查认定，刑讯逼供不足为凭，锄奸扩大化趋势应予纠正。结果，除了熊大缜外，其余人全部无罪开释。而熊大缜因为“与党政军联合办事处联系”，仍被定为特务嫌疑而遭到拘押。

1939 年 7 月，日军对冀中根据地展开大扫荡。军区机关仓促转移期间，押解人员与熊大缜爆发言语冲突，恼怒之下，未经组织许可将熊大缜野蛮处死，熊大缜就这样含冤而死……

在历史大背景下考量熊大缜们的抉择，更令人感怀拳拳爱国之心、报国之志。那一辈学人的家国情怀值得后人永远铭记。

汪德熙在开创了根据地炸药化工局面之后，前往美国留学，并获得了麻省理工学院的博士学位，中华人民共和国成立后当选中国科学院院士，为原子弹、氢弹的研制作出了重要贡献，是中国核化学奠基人。谁能想到，年轻时的他居然亲手炸过侵华日军的列车？

为根据地“攒”收发报机的葛庭燧，后来也留学美国获博士学位，留美期间还曾参与美国的原子弹、雷达等尖端科研项目，获美国政府表彰。中华人民共和国成立后，葛庭燧放弃优厚待遇，冲破重重阻挠，毅然回国。他是新中国首批学部委员和中国科学院院士，中国金属物理学的泰斗人物。

阎裕昌成为冀中根据地地雷战的技术核心，在一次为民兵传授技术的过程中，遭日军突袭抓捕，随后被残忍杀害。

林风 1939 年在天津被日军抓捕，一直关押到 1945 年日本投降。出狱后不久又被国民党军统抓捕，关在同一所监狱中一年多。

张方在实验拆除雷管的过程中，遭遇意外爆炸，炸掉三根手指，手掌被炸穿了一个大洞，落下终身残疾。

…………

历史不会忘记他们的牺牲和贡献。

本文来源：2015 年 5 月 19 日《北京日报》17 版、20 版

航渡救实业

宜昌大撤退中的英雄谱

杨丽娟

第二次世界大战中的“敦刻尔克大撤退”可能是世界军事史上最为人所熟知的撤退行动，那次行动用 9 天时间把 33 万盟军撤至英吉利海峡对岸的英国。

其实，早在敦刻尔克大撤退发生前的 1938 年，地处长江三峡的中国江城宜昌已经上演了一出同样惊心动魄的大撤退，亲历这次撤退的平民教育家晏阳初，称其为“中国实业史上的敦刻尔克”。

与敦刻尔克类似，抢运了无数人员和物资的宜昌大撤退，保存了大后方建设的有生力量以及中国民族工业的元气，这些都成了中国抗战最终胜利的坚强后盾。不同的是，敦刻尔克依靠整个英国的力量、由军事部门指挥完成，而宜昌大撤退的指挥者，却是一位民营船运公司的实业家。

他就是被誉为“中国船王”的民生公司总经理卢作孚。20 世纪 50 年代，毛泽东主席谈到中国民族工业发展时曾说过，实业界有四个人不能忘记，卢作孚就是其中之一。

阻塞的长江咽喉

1937 年 11 月中旬，淞沪战场失利，南京形势严峻，国民政府公开发布《国民政府移驻重庆办公宣言》，并确定四川为战时大后方。一时之间，上海、南京等地的机关、团体、学校纷纷向后方撤退。

1937 年年底，人员、工厂物资、故宫文物，源源不断地来到宜昌。所有西迁入川的人员和物资不得不在此下船，等待换乘能够穿越三峡航道的船舶。可人多船少，很多人等上半个月都无法上船。

主城区只有 2 平方公里的宜昌城，早已人满为患。到了 1938 年 10 月，国民政府下令放弃武汉时，向西涌入宜昌的人流更是达到顶峰。当时仅有 10 万多人口的小县城，流动人口最多时猛增到 50 万。

和这些难民一起急需入川的，还有各种大型设备、器材和军工物资。据民生公司老员工周仁贵在《在卢作孚先生身边工作的时候》一文中回忆："那时，从宜昌一马路起，直到现在的十三码头止，沿河两岸都堆满了器材，仅有极少数装了箱，其余 90/100 以上是赤裸裸地、乱七八糟地堆置在荒地上，你压我，我压你，已经全部生锈。而这些兵工器材、航空器材、轻重工业器材，约有八九万吨，可以说是国家之宝——国家仅有的一点元气。"

八九万吨，在当时的条件下是什么概念？研究宜昌大撤退 20 余年的重庆民生公司（一般称为"新民生公司"）宜昌分公司原总经理郑新解释说："当时宜昌与重庆间轮船的总运量，每个月不过 6000 吨，如果按部就班地运输，这些器材至少要运一年多。"

然而，此时的武汉已被国民政府放弃，宜昌与武汉的直线距离仅 300 公里，日军的飞机不停地飞临宜昌轰炸。谁也不知道，留给宜昌的抢运时间还有多少。一旦宜昌保不住，难民会遭日军屠戮，物资则很可能落入敌手，大后方的军事工业、民族工业要想重建，难度也将大大增加。

位于三峡入口处的宜昌，此刻成了关乎全中国命运的“咽喉”。而最要命的是，10 月下旬的川江只剩下 40 天左右的中水期。40 天后，长江上游就要进入长达 4 个多月的漫长枯水期。郑新介绍说：“枯水期与丰水期的水位相差足有 20 米，水位降低后大量原本处于深水中的礁石会暴露至浅水区，甚至成为明礁，这时不仅航行更加危险，而且稍大点的轮船都无法行驶，大型设备更没法入川。”这就意味着，所有滞留人员和物资必须赶在 40 天内运完。

这个几乎不可能完成的任务，落到了民生公司总经理卢作孚身上。

临危受命

1925 年，怀着实业救国的理想，卢作孚和朋友一起在重庆创办了民生实业股份有限公司。在乡亲、朋友、地方士绅的支持下，东挪西凑到 8000 元资本后，他亲自去上海订购了一艘载重仅 70.5 吨的浅水铁壳小轮船，开始了民生公司的航运之路。凭借废除买办制、提升服务水平、禁止船工向旅客索要小费等措施，民生公司很快成为长江航运界的一颗新星。

20 世纪 20 年代末 30 年代初的川江，外国船只横行，在外国轮船公司的排挤下，力量分散的中国轮船公司经营萧条，一个接一个地破产倒闭。面对这种局面，卢作孚深感中国轮船公司只有结束各自为政的状况，集零为整，联合起来才能与外国轮船公司竞争。为此，从 1931 年起，卢作孚开始联合、合并长江上游的各家轮船公司。到全国抗战爆发前，民生公司已经将大部分外国轮船公司的势力挤出了川江，当时颇具实力的美国捷江公司甚至在与民生公司的竞争中倒闭了。拥有 46 艘轮船的民生公司，成了长江上游的航运龙头。而这些轮船和被誉为“中国船王”的卢作孚，也成了 1938 年 10 月宜昌的难民和物资入川的希望。

46 艘轮船中，能够在川江行驶的有 22 艘。亲历了宜昌大撤退的民生公司老员工晏天锡之子晏承华说：“民生公司的很多轮船都是为川江量身打造的，马力大吃水浅。那时很多轮船公司主要走长江中下游，他们的轮船为减少阻力，底部结构是尖的，而民生公司走川江的船底部是平的，这种船吃水比较浅，加上大马力，才能在航道狭窄、滩多水急、暗礁林立的川江行驶。”

事实上，民生公司的这 22 艘船几乎是当时中国能够胜任川江运输的全部轮船，除此之外，只有两艘中国其他公司的轮船和几艘外国轮船可以在川江运输。

然而，即便是这 22 艘轮船，也差点未能幸存。几个月前，为阻止敌舰沿长江西上进犯，国民党军政当局决定沉船阻敌，命令各轮船公司都把船开到武汉下游的田家镇附近沉没，以封锁航道，民生公司也接到了命令。但卢作孚深知，能在长江上游航行的船不多，一旦予以凿沉，必将严重损害川江航运，战时的撤退工作及未来大后方的运输将无法进行。他坚决要求把民生这批能走川江的船保留下来。经过再三周旋，这批船最终保了下来。1938 年 8 月，国民党军政当局选择用新造的钢筋水泥船沉入江底阻敌。

船保下来了，卢作孚肩上的担子却一点都没有减轻。早在这年 1 月，他已经被任命为交通部次长，主管战时水陆运输事务。卢作孚本身对做官并无兴趣，1926 年四川军阀杨森许诺出每月 500 大洋的薪酬请他出任万县市政佐办，他丝毫不为所动。1937 年全国抗战爆发前夕，国民政府曾请他担任交通部次长，也被其婉拒。抗日战争全面爆发后，面对战时水陆交通运输的重任，熟悉长江航运的卢作孚这才接受了任命。

据宜昌市地方志办公室原主任、史志专家朱复胜说，广义的宜昌大撤退从 1937 年下半年就已开始，一直持续到宜昌沦陷前夕，人们听说最多的“40 天大撤退”，只是这次撤退中最高峰的一段。卢作孚和他的民生公司，也早已开始了战时大撤退的准备工作。

1937 年夏天，卢作孚正准备赴欧洲考察，卢沟桥事变爆发，他当即放弃了去欧洲的打算，并电告民生公司全体职工：“民生公司应首先动员起来参加这场战争！”“一切工作迅速地转移到战争的轨道上来，以满足战时运输的紧迫需要！”

那时，卢作孚就意识到储备运输燃料、轮船配件的重要性。他动员公司各地的机构和人员，从香港、广州和长江沿岸尽力采购，总共购得柴油 4000 多吨，各种五金钢材 2000 多吨。后来宜昌大撤退最紧张的 40 天中，所需的柴油几乎全都来自这些储备。

一边忙着储备运输，一边已开始抢运物资。1937 年冬，民生公司调派“民元”等轮船，抢运在南京、芜湖等地的兵工器材到重庆。

12 月 15 日，民生公司与兵工署签订抢运汉口军工器材的合同，调派“民本”等 6 艘，承担汉宜段抢运；又调派“民主”等 6 艘，承担宜昌—重庆段抢运，两个月时间抢运撤退物资 12900 余吨。

及至担任交通部次长，卢作孚更是迅速集中船只，召集兵工署、经济部、资源委员会以及各航运公司，研究抢运办法。而其中最艰难的一役，莫过于 1938 年 10 月开始的 40 天大撤退。

三段航行法

1938 年 10 月 23 日，卢作孚飞抵宜昌。当他来到怀远路的民生宜昌分公司，看到的是混乱和拥塞。后来他在《一桩惨淡经营的事业——民生实业公司》一文中这样回忆：

> 全中国的兵工工业、航空工业、重工业、轻工业的生命，完全交付在这里了，遍街皆是人员，满地皆是器材，人心非常恐慌……各轮船公司从大门起，直到每一个办公室止，都塞满了交涉的人们。所有各公司办理运输的职员，都用全力办理交涉，没有时间去办运输了。管理运输的机关，责骂轮船公司，争运器材的人员，复相互责骂。

所谓“交涉”，是指托人、说情、拉关系，目的只有一个，希望能够早日买到船票。据朱复胜介绍，当时一些武装押运货物的军官气势汹汹，甚至有人掏出手枪威胁要船。时任经济部工矿调整处业务组组长的林继庸在20世纪80年代的访谈中也曾提到，为了杜绝各机关抢船，当时驻宜昌的鄂湘川黔边区绥靖公署甚至下令“凡抢船者予以就地枪决”，并且“杀数人示警”，还派了宪兵维持秩序。

如此混乱的秩序，无疑更加剧了运输效率的低下。面对乱局，卢作孚只对那些争吵不休的各单位负责人说了一句话：“请回去！所有的人都明天见！”接着，他赶往江边，查看沿江两岸遍地堆放的设备和器材，登上各轮船检查舱位和轮机状况。随后，回到民生宜昌分公司，立即召集各轮船公司的负责人、各轮船的驾引人员和宜昌港内的技术人员彻夜开会，商讨办法。

一夜无眠后，卢作孚和工作人员商讨出了一份紧急运输计划。10月24日早上，他首先向大家表示，有把握在40天内把拥塞在宜昌的物资和人员运完，但要求各单位必须服从命令听指挥。此话一出，会场上的人都热烈狂呼，有人甚至激动得流泪。

卢作孚紧接着说，他本人亲自掌控运输计划，分配各个交运单位的运输吨位。各单位根据分到的吨位，将自己的设备器材分出轻重缓急，重要的器材，配合成套，首先启运，不重要的另行安排，而对于实在来不及运走的，则准备放弃。至于什么单位的人员、物资何时由何轮船运输，全部由卢作孚亲自分配。他还特别强调，各单位人员、物资的运转顺序一旦排定，必须坚决执行，绝不允许加塞，否则挪后装运。

不过，只是强调运输秩序，40天内还是无法完成如此之大的运输量，卢作孚计划中最关键的法宝是“三段航行”。这个办法并非一时兴起，而是来源于民生公司1937年年初的创新。

朱复胜介绍说，1937 年年初，长江上游遇到了数十年来不曾有过的江水大落，水位过低，以致中外轮船公司都不得不停航。民生公司行驶川江的船最多，若停航几个月，受到的影响将尤其严重。与此同时，1936 年刚刚遭遇一次大旱灾的四川，也急需省外粮食的救济。

为此，卢作孚与民生公司的技术人员反复研究，并组织一个驾驶考察团前往三峡各险滩进行实地考察，最终研究出了三段航行法——将宜昌与重庆间的航线分成三段：宜昌至庙河为第一段，这段河道狭窄，必须用小船行驶，就调 120 英尺以下的“民福”等轮行驶；庙河至万县为第二段，险滩甚多，所以派马力强大的“民主”等轮行驶；万县至重庆为第三段，此段浅滩最多，就安排吃水相对更浅的轮船。如此，每一艘船无法独立完成的宜渝航道，便可以采用不同船只接力航行的方式完成，虽然运输成本高了，但总算使枯水期的交通不致中断。

如今，卢作孚就将三段航行的经验，灵活地用在了宜昌大撤退的计划中。他演示了自己的计划：从宜昌到重庆，上水航行需要 4 天，下水航行需要 2 天，加上装货卸货，来回一趟至少要一周。为了加速滞留宜昌的人员和物资撤离，可将宜昌与重庆的航道进行分段，最重要和最不易装卸的笨重设备由宜昌直接运到重庆；次要的、较轻的设备就缩短一半航程，运到万县就卸下，交由其他轮船转运；更轻、更不紧要的物资，则再缩短航程，只运到奉节、巫山或巴东，甚至只运进三峡即卸下，留待以后再转运。

“这样一来，宜渝航程一下子就缩短了一半甚至一多半，航程最短的船只甚至可以做到朝发夕至，这就大大加快了宜昌的船只周转。而运离宜昌的人员和物资，只要进入三峡大门，有了高山峡谷为屏障，也就相对安全了。”朱复胜说，最初一些单位和人员并不理解三段航行，但后来亲眼看到船只周转速度加快，都对这个计划越来越信服。

就这样，乱哄哄的宜昌码头，终于逐渐恢复了秩序。战时运输最紧张的 40 天，正式拉开了帷幕。

最紧张的 40 天

10 月 24 日早上，第一艘满载人员和物资的轮船缓缓驶出了宜昌港。船上有急需抢运的物资，还有几百名无家可归的难童——他们由战时儿童保育会在各地收容后，辗转来到宜昌。卢作孚亲自护送这些难童上船，随着轮船的汽笛声响起，孩子们趴在栏杆上放声高歌，挥手向岸上的人群告别。

紧张有序的抢运，伴随着稚嫩的歌声开始了。从这天起，包括民生公司的 22 艘船在内的 24 艘轮船开始不停地往返于宜昌与长江上游各港口之间，民生公司的员工几乎全天候地投入了这场战斗。

繁忙的宜昌码头，每天早上总有六七艘船开出，船上的货物，早在前一天夜里已经装载完毕。每天下午至傍晚，总有五六艘船从上游开回，紧接着，便是夜幕中争分夺秒地装货。1938 年在民生宜昌分公司任主管会计的王廷琳曾回忆，夜里照明没有电灯，就用煤气灯，工人们彻夜赶工，煤气灯的需求量太大，就连宜昌专门供应煤气灯的公司都供应不上了。

对于这段抢运，卢作孚也曾有过生动的描述：

> 当轮船刚要抵达码头的时候，舱口盖子早已揭开，窗门早已拉开，起重机的长臂早已举起，两岸的器材早已装在驳船上，拖头已靠近驳船。轮船刚抛了锚，驳船即已被拖到轮船边，开始紧张装货了。两岸照耀着下货的灯光，船上照耀着装货的灯光，彻夜映在江上。岸上每数人或数十人一队，抬着沉重的机器，不断地歌唱。拖头往来的汽笛，不断地鸣叫。轮船上起重机的牙齿不断地呼号，配合成了一支极其悲壮的交响曲，写出了中国人动员起来反抗敌人的力量。

朱复胜介绍说，旧时宜昌港水浅沙多，轮船都不能贴岸停靠，只能在江心抛锚，客货上下轮船则要依靠小木船或驳船转送，俗称“递漂”。卢作孚回忆中的“驳船”，就是将物资从岸边运送到江心轮船上的转送工具。为了充分利用每一分钟，他要求准备运载的器材必须在轮船抵达前一个小时装到驳船上，以便轮船到港就能迅速装货；若提前一个小时没准备好，哪怕只差几十吨，也不装这批器材，而先装其他机关已备好的东西。

此外，卢作孚还通过改进机械和通信设备，提高运输效率。比如，民生公司轮船上的起重吊杆最大负载量原来只有 17 吨，而西迁的设备中有的重达 30 吨。他就带领职工们一起加班加点，终于设计出了负载30余吨的吊杆，安装在“民乐”轮上，专门起吊重型机器。又如，民生公司的轮船中原本只有10艘安装有无线电台，没有电台的轮船只能依靠旗语、灯语及鸣笛等传统方式与其他轮船及各码头联络。为了适应抢运的紧急需要，卢作孚提出在轮船和川江沿岸的各码头、港口增设无线电台。当时重庆市场上买不到电台，他就鼓励职工自行研制，最后成功地增加了10余台电台，大大提高了调度指挥和抢运的效率。

物资运输有条不紊，对于亟待入川的人员，卢作孚也有应急措施。民生公司制定的《非常时期客运救济办法》规定，所有旅客一律按照抵达宜昌的先后顺序登记，依次购票上船；将所有舱位全都改成座票，平日可以睡1人的铺位，改成座票后就可以坐5人，大大增加了客运量；对于公教人员实行半价优惠，对于孤儿难童则完全免费。

大撤退的日日夜夜，卢作孚始终在一线亲自指挥。卢作孚不只是整体指挥和调度，他还喜欢在深夜时分去江边码头和船上检查货物装运情况。周仁贵记得，卢作孚经常穿着粗布衣服去装运现场，“遇到困难问题，立即就地解决，装卸工人、船员看见卢先生不辞辛苦，深夜到河下关心他们工作，深受感动，干劲倍增……”

事后统计发现，10月24日至12月初的运输量，竟相当于民生公司1936年全年的运输量。

“努力去做一员战士”

最紧张的40天抢运完成后，宜昌的撤退仍在继续。事实上，直到宜昌失守，民生公司的员工还在冒着日军的炮火维持前线与后方的交通生命线。

1939 年 9 月，日寇兵分三路进犯长沙，湘桂局势告急。湘桂兵工厂的第一厂、第二厂、第四十一厂共计 3 万吨器材以及兵工署的 2000 吨机材紧急运到宜昌，由民生公司派船抢运入川。1940 年上半年，民生公司又从宜昌抢运了 1.6 万吨器材到大后方。

这一年 6 月，宜昌失守，但在接近日军阵地的平善坝、南沱、三斗坪一带，还有一部分兵工器材尚未来得及运走，其中的平善坝距离宜昌城仅 20 多公里。这时，卢作孚亲自率船前往平善坝抢运物资，每天傍晚开去，连夜装船，待天刚蒙蒙亮就开走。不久，终于把这一带的 2.48 万吨兵工器材抢运到了安全地带。

卢作孚用行动践行了全国抗战爆发时他对公司职工说的话："我们虽然不能到前方去执干戈以卫社稷，拿起武器打敌人，当尽本身职责，努力去做一员战士，以增强抗战力量。"而在他的动员和影响下，民生公司的职工乃至川江沿岸的船工、纤夫，人人都成了宜昌大撤退乃至整个抗战时期的"战士"。

民生公司老员工晏天锡就是这样一名"战士"。他的儿子晏承华说，父亲常年跑川江航线，1938 年日军开始轰炸宜昌时，母亲带着家人住在重庆，她一直希望父亲不要再从事这么危险的船上工作，每次到码头送父亲上船，总担心这是不是就是最后一次见面。父亲却从来没有放弃，一次次死里逃生中，他甚至已经习惯了炸弹爆炸的声音。

1943 年，晏天锡所在的"民俭"轮到宜昌前线抢运伤兵和物资，航行至三斗坪太平梁时，突然遭到日机的轰炸，一时全船震动，弹片横飞。正在轮船底层负责大轮机的晏天锡看不到外面的情况，只听到了轰炸声，但他的第一反应是轮机负责全船的动力，一定不能出问题，就一直在船舱内忙碌，确保轮机的油门、温度合适，直到一位同事匆匆跑来叫他逃命，他才停止工作。跑出舱一看，才发现凭借最后的动力勉强靠岸的“民俭”轮马上就要沉了。谈起往事，晏承华至今唏嘘不已：“太险了，父亲不会游泳，又在船的底部工作，船一旦沉了，他肯定活不了……”

晏天锡幸运地死里逃生了，但并非所有的人都是幸运的。整个抗战期间，除了被敌机炸沉、炸伤的轮船外，民生公司共有116人牺牲，61人伤残。为战时交通付出生命的116人的名字，如今镌刻在大公桥码头的宜昌大撤退纪念雕塑上。在这份纪念雕塑英名录的末尾，还刻着一句话：“以上是民生实业公司有记载的名单，还有其他公司员工和宜昌民众牺牲者无法记载，以此垂悼。”

“无法记载”者，人数最多的就是同样忙碌在川江航道上的码头工人、木船船夫和纤夫。码头工人主要是装卸工，木船船夫和纤夫，则是宜昌大撤退期间另一支独特的运输队伍。

据朱复胜介绍，为增加运力，卢作孚曾紧急征集川江沿岸各县的2000余艘木船参加抢运，“大部分木船没有动力系统，主要靠帆和人工划桨前进，遇到险滩就得有纤夫拉纤才能过去。以一艘载重1.5吨的木船为例，至少需要船夫10余人，纤夫30人，那么2000余艘木船的船夫和纤夫得有几万人”。

当时主要负责民营厂矿西迁的林继庸，曾就船夫与纤夫的艰难留下这样的记录：“木船编成各组上行，每组由四艘至七艘编成，沿途协助。遇滩时各船上之纤夫合力牵一船过滩，依次以及他船……睁眼下看巉岩数百尺，汗流满背，血向上沸，口嘘着热腾腾的气，同声嚷着成调不成调短促而苦痛的歌声，一行人众佝偻着，体向前倾，背高于顶，合力往前拉，半小时的挣扎，往往不能前进半尺。”而根据朱复胜的研究，不仅是纤夫，遇到险滩时，船上的乘客有时也得帮忙拉纤。朱复胜提到，大撤退期间，剧作家曹禺随着南京的戏剧专科学校西迁，和一批师生一起乘坐 3 艘大木船入川，船走不动时，曹禺也和纤夫们一起弯着腰拉纤，一边拉一边给学生们鼓劲。

虽然那些冒着敌机轰炸的危险在川江艰难前进的船夫和纤夫，不曾留下一个名字，但这些无名“战士”在宜昌大撤退中留下的功绩难以磨灭：木船在宜昌转运的轻件器材和设备，占了高峰时期抢运总量的 1/3，规模之大，前所未有。

中国工业的命脉

1940 年 5 月，日军集结重兵向宜昌发动进攻，张自忠率部从右翼打击进犯的日军主力。日军调集部队折回反扑，经过七八天的苦战，张自忠部减员甚重，弹尽粮绝，而张自忠最终于 5 月 16 日壮烈捐躯。

一个月后的 6 月 12 日，宜昌失守。

不过，当日军进入这座鄂西重镇时，看到的却是一座空城。面对空空如也的宜昌城，日本军事专家在战后曾检讨：“汉口失陷时，重庆政权先将东部的工厂设备暂时运至宜昌，然后用了很长时间以小型船只运往重庆，建设长期抗战的基础。”他们甚至懊悔地假设，“假定在昭和十三年（1938 年）攻占武汉作战时，同时攻占宜昌，其战略价值就更大了”。

日本侵略者为何没有在攻占武汉后立即攻打宜昌？朱复胜认为，

一方面是因为当时日本天皇的犹豫；另一方面则是兵力的限制，日军要全力攻打长沙，以便尽快打通京广线，因此对于宜昌只是派遣空军频繁轰炸。

日军的作战计划不可能为当时的中国所知，但无论如何，混乱不堪的宜昌总算获得了更多的抢运时间。截至宜昌沦陷前，民生公司从宜昌转运的部队、伤兵、难民等人员 150 余万人，货物 100 余万吨，其中包括 2 万吨空军器材和广东炮厂的物资。

150 余万人中，不乏工程、兵工、机械、造船、纺织、化工等各行各业的科学技术人员，教育、文化等各领域的人才以及学生、难童等，他们入川后，成了大后方各条战线的有生力量和后备人才。

100 余万吨的物资则很快在西南建立了一系列新的工业区，尤其是以重庆为中心的兵工、炼钢等行业的综合性工业区，构成全国抗战时期中国的工业命脉。根据国民政府经济部的调查，途经宜昌紧急抢运入川的兵工厂和民营企业，在大后方的工业生产能力，仅军用品一项，“每月即可制造手榴弹 30 万枚，迫击炮弹 7 万枚，各式炸弹炮弹引信 7 万枚，飞机炸弹 6000 枚，机枪零件千套，大小圆锹 30 万把，十字镐 20 余万把，地雷引信千余个，军用纽扣 500 万个，以及陆军测量仪器、军用炮表、子弹机等”。第二历史档案馆的统计则表明，全国抗战期间械弹有 2/3 是在重庆制造的。

1945 年，抗战胜利，卢作孚和他的民生公司因为抗战期间的贡献，多次受到国民政府的嘉奖。

本文来源：2018 年 1 月 23 日《北京日报》13 版、16 版

赤樱悄绽放

红色日本间谍中西功的谍报秘链

杨丽娟

隐蔽战线的刀光剑影，一向比小说、戏剧更传奇。而在日本侵华的硝烟弥漫中，一个南满洲铁道株式会社（简称“满铁”）日本高官频频给延安发去重要情报，似乎更离奇得令人难以置信。这个日本人就是潜伏在满铁的红色间谍中西功。

1930 年，他在日本人一手创办的间谍学校与中共搭上了线。

1941 年，日本偷袭珍珠港前夕，他提前预警，“日军将在最近三个星期内的一个星期天发动‘大东亚战争’”。

1942 年，被捕后的他面对审讯一再强调：“再过三年，日本将败。然后我就会大模大样地走出去。”三年后他果然如愿。被关押在巢鸭监狱的三年，他凭记忆撰写了《中国共产党史》。

中西功的潜伏与被捕，留下了一串传奇，也留下了更多待解的谜团。正如情报史专家郝在今所说，这是“一个超常成功的潜伏战例”，又是“一个超常损失的谍战案例”。

日本间谍学校

1942年6月16日凌晨，上海山阴路留青小筑，一名日本男子正在睡梦中。前一天，他刚从杭州归来，一路风尘。他已经许久没在家里好好睡个安稳觉了，这一觉睡得有点沉。睡梦中，有人突然闯入家中，逮捕了他。

他叫中西功，作为满铁上海事务所的实际掌权者，在彼时的日本军政界赫赫有名。奇怪的是，逮捕这位满铁高官的不是别人，竟是从日本远道而来的东京警视厅特高警察。警视厅已经悄悄关注了中西功好几年，这次为了抓捕他，甚至带来了日本首相东条英机亲自签署的逮捕令。

没错，日本满铁高级情报员中西功，还有另一个隐秘身份——中共上海情报科的红色间谍。一个日本人，凭什么愿意为中国共产党潜伏“敌营”、提供日方情报？追根溯源，还要回到1929年的上海东亚同文书院。

这一年，日本三重县一个村长的儿子高中毕业，以官派留学生的身份，来到上海东亚同文书院。书院学费、食宿费全免，对农村青年再合适不过。抱着留学念头的中西功并不知道，这所学校其实是日本间谍人才的培养基地。

日本军政当局没想到，在他们一手创办的间谍培养基地，中西功却和中国共产党搭上了线。

《中日秘密战》的作者郝在今先后采访过100多位中共隐蔽战

线的无名英雄，据他说，早在 1925 年，东亚同文书院内就成立了一个中共党支部。把中西功等日本同学引入中共隐蔽战线的，是谜一样的中共党员王学文。

人们熟知的王学文，是研究《资本论》多年的经济学家。他著述等身，对自己做过的秘密工作却始终缄默不言。王学文 15 岁留学日本，师从日本社会主义学者河上肇，在日本足足生活学习了 17 年。1927 年四一二反革命政变后，他逆风暴而行，申请入党，带着从导师那里借来的区区 20 日元，踏上了回国之路。

中西功进入东亚同文书院第二年，遇到了王学文。王学文在这个间谍培养基地，完成了最不可能完成的任务——引导、教育了一批日本进步青年，把他们从中国革命的同情者，发展成了中共的日籍情报员。

当时，中西功和一些志同道合的同学成立了中国问题研究会，王学文被邀请当研究会辅导员。中西功的回忆录对王学文最初的“启蒙和引导”着墨不多，还好有另一位日本同学西里龙夫的回忆：“在王学文的指导下，1930 年 9 月我们发起组织了‘中日斗争同盟’。当然，这是个地下组织……王学文还对地下斗争的方式，包括技术上的一些细节问题给予我们具体指导。我们的口号是‘反对侵略战争！日本军队撤回去！……’”

从三重县农村来到上海大都市，中西功完全没料到，自己会同情“中国工人、农民同地主阶级以及帝国主义进行的斗争”，然而，“中国和上海的现实无条件地迫使我改变了思想”。

他和同学们一起把传单藏在身上，举行“飞行集会”，支援中国人的游行或罢工；越过刺刀下的监视网，向日本海军驱逐舰和陆战队总部散发反战传单；利用日本人夜间可自由外出的特权，在日本士兵每天必经的街头，用沥青在墙上书写斗大的标语。几年后，中西功的长女在中国出生，时间正好是5月30日。中西功想起“五卅惨案”，要求妻子给女儿取名“五三子”，只因妻子拒不同意才未能实现。

中国问题“红人”

一·二八事变后，日本海军陆战队向东亚同文书院提出，希望学校组织学生参加义勇队，协助作战。中西功不愿卷入战争，他和同学们决定开展归国运动，提出“不参加战斗，要求回国”，结果竟然如愿以偿。

1932年2月中旬，东亚同文书院的所有学生都踏上了归国航程。当船驶出长江口时，正好碰见满载日本陆军的大型运输船迎面疾驰，中西功在回忆录中写道：“当时我在心里暗想，他们是去进攻中国，而我们则是去进攻日本。”

同船的一等舱，日本《朝日新闻》特派记者尾崎秀实也在回国路上。在一个无人知晓的舱室内，31岁的一等舱乘客尾崎秀实与22岁的三等舱乘客中西功悄然碰头，坦诚交谈。

对尾崎秀实而言，中国并非异国他乡。他出生不久，便到了父亲赴任的中国台湾，在那里度过中小学时代。他是一个头脑清醒的日本人。在军国主义日渐狂热之时，尾崎被“正在觉醒的中国”深深吸引，来到了上海。作为日本驻华记者中的佼佼者，他同鲁迅、夏衍、田汉等左翼人士都有交往。1930 年 5 月，中国左翼作家联盟召开第二次大会，地点居然在驻沪日本记者俱乐部，提供钥匙的人就是尾崎秀实。

夏衍曾说，尾崎秀实是“一个表面上看来非常绅士的记者”，实际上“却是在上海的日本共产党和日本进步人士的核心人物”。其实，尾崎还有一个更隐蔽的身份——共产国际远东情报局佐尔格小组的成员。在佐尔格的供述中，尾崎秀实是他的“第一个也是最重要的助手”，“他从日本人士那里为我搞到了许多准确、全面而又有价值的信息”。

中西功与尾崎秀实的船上相遇，被很多人认为是两人相识的起点。实际上，1930 年在上海时，进步青年中西功、西里龙夫等已经结识了尾崎秀实。后者旁听过王学文的讲座，还参与过“中日斗争同盟”的活动。

尾崎秀实让中西功的命运拐了个弯。经他引荐，回到日本的中西功先后进入无产阶级科学研究所、大原社会问题研究所工作。他用一手资料写成的学术文章，显然比日本国内同行的二手文章更加切实，很快成为小有名气的中国问题专家。

有了这些积淀，加上尾崎秀实的“背书”，1934 年 5 月，中西功顺理成章进入大连的满铁总部。满铁作为“不穿军装的侵略军”搜集“情报”如今已众所周知，中西功进入满铁后，第一件事却是联系东亚同文书院时期的进步老同学，其中就有 1934 年加入中国共产党的西里龙夫，他那时已在上海找到了王学文。

1936 年，中西功在西里龙夫的帮助下，利用出差机会，再次见到了王学文。

在国内很多纪录片的讲述中，中西功经王学文介绍，成为一名“日籍中共党员”。不过，中西功本人的日文原版回忆录《在中国革命的风暴中》，对此有不同的记述：“我没有中国共产党的党籍。我本人并没有提出申请入党，曾经一个时期也谈到过这个问题，但我本人并不很积极……”

虽然没有加入中共，但中西功坚持向组织交纳活动经费，仅 1939 年至 1940 年就交了大约 400 元。这些“党费的替代物”，或许也是他被视为“日籍中共党员”的原因之一。

可以确定的是，1931 年 1 月，中西功曾加入王学文指导下建立的共青团同文支部。后来，也是经王学文介绍，加入了中共上海情报科。

1938 年 5 月，中西功从满铁总部调到满铁上海事务所，不久成为日本理论界的“红人”。

让中西功一举成名的是名为《中国抗战力调查》的报告书。这份共 5 篇 10 分册的皇皇巨著，由满铁各调查部人员参与，历时一年完成。中西功执笔的“政治篇”部分，被尾崎秀实评论为“全报告书最高水平之所在”。

奇葩的是，一份日本人调查的报告书，其结论是“无论日军如何进行军事攻击、封锁，中国也不会因此在军事上、经济上被打败”。

这样的结论离不开中西功的一件秘密武器——毛泽东的《论持久战》。他的自传《在中国革命的风暴中》专门有一小节《〈论持久战〉研究》，“我的工作便是从学习《论持久战》开始”。只是读了读书中的战术，中西功“就感觉自己也能参加战争、上场打仗，浑身充满了力量”。读到战略，他更深感毛泽东的分析“惊人的正确”。

报告书在日本军政高层火了一年。报告的作者之一中西功名噪一时，愈发成了研究中国问题的满铁“红人”。

“中共谍报团”

盛名之下，中西功又多了一个新头衔——“支那派遣军总司令部”顾问。而在日本人看不到的隐蔽战线，他逐渐成为在华日本同志的“核心”，活跃在中国的东亚同文书院老同学陆续被他联系起来，织成一张从华北到华南的情报网。

这张四通八达的情报网中，南京有西里龙夫，时任日驻华派遣军总司令部报道部顾问、汪伪“中联社”指导官；北平有尾崎庄太郎，公开职务是满铁北方经济调查所经济组长；太原有白井行幸，在日本华北派遣军司令部情报科担任科长……

“日本人小组”与中共的联系，当然少不了中国同志。最早为中西功担任联络员的是地下党员陈一峰。陈一峰，原名倪兆渔，“一峰”这个化名还是西里龙夫为他取的，意在纪念“左联五烈士”之一胡也频，他曾以“一峰”为笔名。

陈一峰为中西功担任联络员，必须频繁见面。为了不引人怀疑，中西功特意在报纸上刊登一则广告，征募中国学友。陈一峰混在一众应聘者中，成功化身为中西功的三名中国学友之一。有了这个公开身份，中西功和陈一峰时不时约在四马路，在日本人经常出没的餐馆，光明正大地边吃边聊。

后来，陈一峰前往南京，改为联络西里龙夫。中西功和西里龙夫又为他安排了一次“定向招聘”。西里龙夫先在报纸上登载征文广告，以汪伪“中联社”招聘记者的名义征文，内容是谈汪伪政权“建设方略”。陈一峰交上去应征的文章，实际是中西功代笔、再翻译成中文的。由日本的中国问题专家捉刀，这篇文章自然脱颖而出。陈一峰没有引起任何人怀疑，进入了“中联社”。

有了西里龙夫和陈一峰当“内应”，交通员张明达也顺利成为“中联社”联络员。联络员的差使是每天乘快车把通讯社的新闻稿送往南京、上海沿线的各大城市。联络员共三人，轮流上班，每天一个人乘车去沪，一个人回宁，另一人休息。这样，张明达就可以利用公费，三天两头到上海。40 多年后，张明达回忆这段战斗在敌人心脏的革命经历，依然感叹，这“真是最理想的掩护”。

在上海接替陈一峰的联络员程和生，同样是在日本人眼皮子底下，打入了满铁上海事务所。1940 年，满铁上海事务所成立了“特别调查班”，负责搜集中国情报信息。日本人无论如何也想不到，中西功一手创办的这个调查班，其十几个成员竟然无一例外，全是中共党员。担任调查班班长的程和生，就是中西功与中共之间的联络员。

在敌国的情报机关公然设立完全为己方工作的机构，古今中外恐怕难以找出第二例。这还不是最“胆大妄为”的，除了把大量情报源源传至中共上海情报科，满铁拨给调查班的经费也被“截留”。中共上海情报科老干部钱明当年曾在北平负责联络日本同志尾崎庄太郎，程和生是他的老同学，据钱明晚年回忆，“这个班的作用，名义上是掩护，实际上是解决经济问题”。参加调查班的同志，每人除生活费外，多余的经费全部上交中共上海情报科。

借由调查班班长的身份，无论是满铁办公室，还是中西功住处，程和生都来去自如。于是，上海、南京、北平各处的情报，经程和生之手转交上级吴成方，继而源源不断地转送到延安：日本政府对汪伪和“兴亚院”的指示；满铁每月的月报；日军对我八路军、新四军每次进行“大扫荡”的重要军事行动，包括师团番号、兵员数量、扫荡路线、坦克装备数量等；甚至日本大本营会议和御前会议的机密内容……

中西功被捕后，负责审讯的日本特高警察瞠目结舌。这个被日方称为“中共谍报团”的组织，核心成员包括 7 名日本人和 7 名中国人。据中国社科院马克思主义研究院副研究员郑萍的研究，1943 年 10 月发布的《特高月报》统计显示，仅中西功搜集的情报就涉及政治、外交、军事、经济和社会各个方面，共计 200 余件。特高课惊叹，“日军常常遭遇共军的游击战，时而碰上预想之外的苦战，……很明显地，横行在占领区内的间谍团的策动也构成其重要原因”。

太平洋的警号

中西功的情报战绩中，最传奇因而被演绎出最多故事的，莫过于预警日本发动太平洋战争的时间。这曾是一段绝密往事。直到1995年，当年往返于宁、沪的交通员张明达，已经恢复了干部履历表上的大名方知达，从中共中央统战部副部长的位子上离休。方知达深深怀念当年并肩战斗的日本同志，经过特准，在《太平洋战争的警号》一书中披露了尘封50多年的传奇。

这是一本纪实文学，难免有“文学”的成分，但方知达在附录的回忆文章中同时提及了书中的关键事实：1941年11月，革命任务需要，中西功“冒着极大危险以合法身份去东京，亲自了解日本‘南攻北防’国策的执行情况和具体部署……他向组织上提出了论据充足的日军将在最近三个星期内的一个星期天发动‘大东亚战争’的预报”。

中西功的东京之行危机四伏。半个月前，“国际谍报团”案轰动了东京，佐尔格小组被一网打尽。中西功并非“国际谍报团”成员，致命的是，他与佐尔格小组核心成员之一的尾崎秀实关系太密切了。

1932年同船归国后，两人始终保持联络，并大量交换情报。尾崎秀实被捕前，公开身份是日本首相近卫文麿的顾问，佐尔格小组暴露后，近卫内阁因此倒台。如此看来，中西功能得到日本御前会议的机密内容，也不足为奇。

1941年10月，德国入侵苏联后，日本南进还是北进成为斯大林和中共中央最关心的问题。毛泽东认为，如果日本北上攻苏，中国抗战处境将更艰苦。千钧一发之际，佐尔格和尾崎秀实从东京传出可靠情报：“苏联的远东地区可以认为是安全的，来自日本方面的威胁已经排除。日本不可能发动对苏战争，相反，它将向美国开战。”这份关键情报，让斯大林放手从远东地区抽调 16 个精锐师，在莫斯科危急时刻扭转了战局。这是佐尔格和尾崎最广为人知的情报战绩。

有意思的是，对于日本南进还是北进，中西功亦有同样的判断。方知达在《怀念战友中西功和西里龙夫》一文中写道：1941 年夏天，延安曾两次来电询问：“日本北进、南进的动向如何？”中西功和西里龙夫坚定地回答说，根据他们所掌握的材料，日本确实已经没有国力分身北攻。

不知中西功和尾崎秀实的情报来源有多少交集，但 1941 年 11 月，独自前往东京的中西功，已经失去了尾崎的助力。他还不知道尾崎已经被捕，只是有不祥的预感。他记得，1940 年 12 月，在上海举办的“中国战力第三次调查委员会”结束后，二人促膝长谈时，尾崎就告诉他：“你已经不能来东京了，警视厅已经盯上你了，而且我身边最近也很异常。也许我们不能再见面了，我们还是先把相互联系的方法确定好吧……”确定了“无甚大事”“加强戒备”“赶紧逃跑”三种电报联系的暗号后，两人将杯中老酒一饮而尽。

孤立无援，这趟东京冒险之行，中西功将如何获取情报？《太平洋战争的警号》一书是这样记述的——

到东京后，中西功很快确认了尾崎被捕的事实。他只能另辟蹊径，去寻找在军部报道部当记者的朋友佐藤癸二。中西功知道佐藤被外派了，故意打着找朋友的幌子，在军部报道部的记者们中间逗留。从记者们的高谈阔论中，他得知日军已经向台湾集结，但苦于不知道开战的准确日期。

正在焦急时刻，幸运之神降临，中西功在街上意外遇到佐藤。他反应奇快，抢先开口："台湾怎么样？要进攻了吗？"佐藤一听，以为这位满铁的朋友肯定知道内幕，于是放下戒心，说了很多绝密情况，包括日本和美国的和平谈判以 11 月 30 日为限。

回到上海后，中西功又参考满铁的内部情报，最终精确推断出，日本将在美国时间 12 月 7 日发动攻击。因为那天是美国的星期日，军队官兵照例放假。"德国进攻苏联就是选择在星期日，日本也不会放过这个日子。"

不过，关于太平洋战争爆发的日期，一开始，中西功判断可能会是 12 月 1 日，但是战争没有爆发。后来，中西功又判断可能会是 12 月 8 日。直到 12 月 7 日晚上，一切都还正常。上床睡觉前，中西功还在想，也许是 12 月 15 日。结果，12 月 8 日凌晨，也就是美国时间 12 月 7 日，日军偷袭珍珠港。中西功听到日本海军炮击驻上海英美军舰的声音，不禁感叹："果然是今天。"

第三次被逮捕

按照秘密工作的原则，东京爆发“国际谍报团”案，与尾崎秀实相熟的中西功就应该撤离了。但是，珍珠港事件后，他还是留在了上海。

危险的信号越来越多。1942 年 1 月，中西功突然收到一封来自东京的加密电报。电报没头没尾，只有“向西去”三个字。但一看署名“白川次郎”，中西功立刻明白了几分。这是尾崎秀实托人发来的警讯。

“白川次郎”是两人共用的笔名，鲁迅亲自校订的《阿 Q 正传》日译本出版时，尾崎秀实就用“白川次郎”的笔名撰写了长篇序言。延安在中国的西部，“向西去”显然是提醒中西功立即向中共根据地撤离。

1942 年 3 月，有人告诉中西功，关东军宪兵司令部向上海日军司令部发电，要求将他“秘密逮捕，送来审讯”。不久，中西功察觉到有日本特务监视自己的迹象。

3 月底，满洲日日新闻上海分社社长河村好雄被逮捕。河村好雄是中西功在东亚同文书院的老同学，曾在佐尔格情报系统工作。

中西功的身份是不是已经暴露了？程和生劝他设法撤退，但他迟迟下不了决心，只是从家中搬去了原法租界的一家旅馆。

犹豫不决之时，机会来了。1942 年 5 月，日军发动了对浙赣沿线的作战，中西功设法取得了“从军调查员”的资格。5 月 15 日，他与程和生一道出发，打算到达浙赣前线后相机“失踪”，前往后方根据地。

两人顺利抵达杭州，住在了西湖旁的旅馆。不料，离成功只有一步之遥时，上海留青小筑的家里突然来了电话。据说，有两个年轻女孩经中西功的朋友介绍，从日本来到上海，托他帮忙找工作。中西功询问了住宅周边的情况，确定无可疑人员监视，决定返回上海。6 月 15 日，中西功回到了留青小筑，家里一切正常，当晚，他在家里入睡。一觉未醒，6 月 16 日凌晨，中西功被逮捕。这是东京警视厅特高警察设下的圈套，中西功随后被解往东京。

这是他第三次被捕。1930 年因“中日斗争同盟”散发反战传单，他第一次被日本驻沪领事馆逮捕关押，但很快获释，只被停学一年。1932 年回日本后，因为在无产阶级科学研究所的活动，再次被捕，一个月后即被释放。第三次被捕就没有那么好运了，不但中西功差点被判死刑，中共上海情报科的战友也旋即遭到逮捕。

6 月 16 日，西里龙夫与中西功在同一天被捕。7 月 7 日，尾崎庄太郎、白井行幸等被逮捕。一时之间，“日本人小组”全军覆没。郝在今说，这是“一个超常成功的潜伏战例”，又是“一个超常损失的谍战案例”。“秘密情报组织总是单线联络，一个环节出事，只要咬死不供，反谍机关很难顺藤摸瓜。可中西功的日本人小组不一样，这个小组的成员本来就是老同学，相互间没有秘密。这种组织状况，提升了工作效率，也造成保密的缺陷。”

日本同志被捕，按说与之联系的上线和下线都要立刻转移。可是，组织得知消息后，却没有安排中国同志撤离，甚至没有搬家。多年后，从幸存者的回忆中，从日本解密的审讯记录中，人们才得到了或许最接近真相的解释：上级决定按兵不动，是为了保护中西功等日本同志。程和生、陈一峰等都与日本同志有公开工作关系，如果此时突然消失，那不就反证了日本同志的嫌疑吗？

于是，程和生继续到满铁特别调查班上班，陈一峰继续当“中联社”的无冕之王，直至7月29日。上海的程和生、倪之璞、金若望，南京的陈一峰、李德生、汪锦元，几乎同时被捕。和日本同志直接联系的中国同志，唯有北平的钱明和南京的张明达幸运地逃过一劫。

晚年的钱明直言自己逃脱真是“侥幸”。“那天我在北平，敌人来抓我时，我正好在厕所里，因厕所并不在室内，听到有人敲我房间的门，很急，感觉不对，当机立断，就从厕所爬窗外出……”

张明达甚至已经被扣在李德生的住处，多亏他随机应变，才蒙混过关。李德生在南京的公开职业是中医，被捕当天还有10多个病人来找他，张明达谎称自己是来看病的，同病人混在一起，幸运脱险。

被捕人员中，遭遇堪称无妄之灾的是金若望——电视剧《繁花》的原著作者金宇澄的父亲。金若望是一位中共地下情报工作者，与中西功一样，上级是吴成方，隶属于潘汉年情报系统，但他没有直接参与“日本人小组”的情报活动。

1941年，化名丁弢的金若望，正在伪上海市民协会会刊《市声》当编辑。有一天，吴成方交给金若望一个任务：化名程维德，搬到辣斐德路一家私人诊所的楼上，与“胞兄”程和生同住。金若望对“胞兄”的情况一无所知，考虑到有时要应付查户口，才交谈了三句话，知道“胞兄”在钢铁公司上班，讲定两人的籍贯是安徽太和。很久以后，他才知道，所谓的“钢铁公司”就是满铁，“胞兄”程和生是日本同志中西功的联络员。

两人同住半年，程和生搬走了。然而，1942 年 7 月 29 日，程和生在新住处被捕那天，另一路日本人同时奔向这个旧地址，金若望就这样遭了池鱼之殃，在狱中受尽酷刑，双腿几乎被打残。

金若望与程和生被分开关押、讯问，从东京来的日本人拷问得事无巨细，籍贯、父母、家庭成员、职业逐一审问。不过也幸亏是日本人，完全没听出这对假兄弟的南腔北调。金若望是江苏吴江人，程和生是广东中山人。若是换了汪伪 76 号的特务审问，估计一开口就得露馅。

金若望硬着头皮胡编一通，结果，竟然一个字也没被拆穿，因为“胞兄”程和生选择了牺牲。

“为你掩护到底”

程和生被捕后，上级吴成方匆匆赶到了金家巷嘉运坊的缪谷稔家。

缪谷稔是 1926 年入党的老地下工作者，当时负责保管中央文库。因为他的肺病日趋严重，组织已经决定由陈来生接管中央文库。不久前，吴成方刚刚让交通员小郑通知缪谷稔，做好转交中央文库的准备。此时，吴成方带来了一个十万火急的消息：他们之间的交通员小郑被日本宪兵队抓去了。

小郑不但知道缪谷稔，还知道继任者陈来生和他们的联络方式。缪谷稔顿时如临大敌。可就在他着急忙慌地准备转移时，吴成方又传来了“好消息”——一个以生命为代价的“好消息”。

小郑被捕后，被押上吉普车，带往北四川路的日军宪兵司令部。当车子驶至江西中路、汉口路附近时，小郑突然纵身跳车，试图自杀。车速太快，小郑的头撞在马路上，撞开了一个裂口，血流如注，腿部也受了重伤。日本特务害怕得不到口供，急忙将小郑送去抢救。抢救后再次审讯，小郑趁敌不备，再次跳楼自杀，终于以付出生命的代价，保证了自己的永远沉默。

小郑就是中西功的联络员程和生，原名郑文道。他两度赴死，守护的秘密不止一个。

郑文道出生于广东香山县，少年时就随经商的兄嫂在山东生活。1933 年，他考上了同济大学附设高级工业职业学校，与钱明成为同学。在校期间，郑文道加入学校的共产主义研究小组，阅读进步书刊，参加爱国救亡运动。

1938 年 7 月，郑文道加入中国共产党。两个月后，就被组织安排到中共上海情报科。与中西功并肩战斗 4 年，两人情同异国兄弟。钱明讲过一件小事，中西功常穿一件旧西服。一次夫人中西方子拿出省下的钱，让他买套好点的衣服，结果中西功买回一包很差的衣料。方子问他原因，他说郑文道的大衣太破了，他想用便宜衣料给自己和郑一人做一套。

中西功忘不了郑文道那双“永远慷慨、含笑就义”的双目，他记得郑文道的承诺：“如果你被抓去，也许我也会被抓，我会为你掩护到底。如果这个目的不能达到，那么为了保卫组织，我将一死了之。”一语成谶，郑文道被捕后，果真用死践行了自己的诺言，牺牲时年仅 28 岁。

中西功后来被关进东京都内的巢鸭监狱，经受了 33 次审讯，留下了 500 页审讯记录。1996 年，审讯记录在日本公开出版。中西功本人曾提醒，其内容并不可靠，有时会说谎来应付审讯，但记录依然是中日学者研究中西功情报生涯的主要史料之一。

漫长的审讯过程中，他参照一些被作为“证据”而扣押的书籍材料，主要“全凭自己的记忆”，完成了《中国共产党史》的底稿。1946 年，中西功著的《中国共产党史》在日本出版，成为日本左翼研究中共党史较早期、最重要的一本日文著作。

而在另一本著作《中国革命与毛泽东思想》中，中西功写道，在东京警视厅的审讯中，他一再强调：“再过三年，日本将败。然后我就会大模大样地走出去。”1945 年 8 月 15 日，日本宣告投降那天，中西功接受了第一次公审。9 月，日本检察机关要求判他死刑，但法院最后宣判为无期徒刑。10 月 11 日，根据二战后盟军释放政治犯的命令，中西功大模大样地走出了监狱，重获自由，直至 1973 年去世。

本文来源：2024 年 5 月 14 日《北京日报》9 版、12 版

西迁护文脉

文澜阁本《四库全书》抗战历险记

孙文晔

书有四大“厄”：水、火、兵、虫，其中尤以“兵厄”危害最大，《四库全书》就是“兵厄”的受害者。

这部世界上规模最大的手抄丛书，全书约8亿字，因为太珍贵，怕出意外，乾隆时期共抄7部，分别藏进南北7座皇家藏书阁。不想，才到清末，《四库全书》就只剩“三部半”了。这“三部半”在抗战中险象环生，如今书与阁同在一城的，仅剩文澜阁本。

“半部”文澜阁本，坎坷最多，从晚清起，就历经战火、迁徙、补抄，而回溯其最惊心动魄的篇章——抗日西迁，更是一部由仁人志士与普通民众共同书写的“文脉长征”。

四库七阁，硕果仅存

1938 年 2 月 22 日，一辆军车从上海疾驰杭州。车上，是日军“中支（华中）占领地区文献接收委员会”派出的 9 名“文化人”，他们的任务只有一个：把文澜阁《四库全书》带回日本。

日本人觊觎《四库全书》多年，闹得最沸沸扬扬的，要算溥仪“败家”，差点把奉天文溯阁本卖给日本人的“黑历史”。

1922 年 3 月 26 日，上海《时事新报》和北京各报登载了这样一则消息：清室准备将奉天《四库全书》以 120 万元的价格出售，日本表示无论如何一定要将《四库全书》买到手。随后，两方人员进行了秘密交涉。

乾隆帝若地下有知，一定大受刺激。作为一位有“文治”雄心的皇帝，乾隆帝对《四库全书》视若珍宝。当年他金口一开，搞盛世修典。作为主编，纪晓岚带着约 4000 位儒生，展开了一场前无古人、后无来者的宏大工程。这部书耗时 15 年，基本囊括了中国所有古书，故称全书。

为躲“书厄”，乾隆帝把这部约 8 亿字的丛书誊抄了 7 个版本，分藏于南北 7 座藏书阁。“北四阁”为北京紫禁城文渊阁、圆明园文源阁、沈阳故宫文溯阁、承德避暑山庄文津阁，都是皇家禁地。其余三部收藏在扬州文汇阁、镇江文宗阁和杭州文澜阁，也就是“南三阁”。

据史料记载，文澜阁是“四库七阁”中唯一向民众开放的。江南的文人学子可入内阅看，在办理手续后，还可以把书借出抄录，可谓开世界公共图书馆之先河。

不过，盛世转瞬即逝，鸦片战争距乾隆去世只有41年。1860年，圆明园付之一炬，文源阁藏书也灰飞烟灭。“南三阁”在太平天国运动中损毁严重，仅文澜阁的部分藏书被抢救出来，保存了“半部”《四库全书》。

到民国，《四库全书》仅剩“三部半”。为防不测，1914年，民国政府把奉天文溯阁本运来京师，暂存于故宫保和殿内。存在承德避暑山庄的文津阁本，则存于北京图书馆。

堪称中华文脉的一部巨著，为什么要拿出来贱卖呢?

原来，“小朝廷”此时正在筹备逊帝溥仪的婚礼，比照同治婚礼的排场，即便一切从简，也需要50多万元，可民国政府只同意拨款10万元。为了维持“帝王”尊严，他们将目光盯上了紫禁城里的宝贝。

清室听闻，日本因为法国买到了一部分落到朝鲜的《四库全书》，而心生羡慕，便主动去与日本驻京公使署接洽，提议其购买暂存在保和殿内的文溯阁本。

溥仪登报拍卖“家产”不止一次，但这次，中国知识界忍无可忍。北京大学教授沈兼士、马衡等7人发表声明，《四库全书》及宫中所藏一切图书古物，都是国家公产，并非爱新觉罗一家的私产，如果卖给外国人，不但是毁弃国宝，更是国民的耻辱。他们强烈要求政府迅速派人查明此事，并将库书从保和殿内转移至其他适当的部门，妥善保管。

这次，日本人没能将《四库全书》买到手。1925 年，文溯阁本回归奉天。

6 年后，九一八事变爆发，东北沦陷。时任“奉天市长”的土肥原贤二，在事变发生后仅一个星期左右，就发出公告，令日军将文溯阁本掠走、封存。此后，中国学界普遍认为，文溯阁本已被运往日本。

华北不安全，深藏大内的文渊阁本，不得不以影印为名南下避险。专室陈列的文津阁本是北平市民的定心丸，轻易不能动。它和杭州的文澜阁本，一南一北，对外开放，使北平图书馆和浙江图书馆（简称浙图）成了学术重镇。

1937 年，北平沦陷，文津阁本情况不明，文渊阁本也在东躲西藏中，命运难料。文澜阁本一时间成了“四库七阁”中的“独苗”，愈发珍贵。

进攻江浙前，日军特地建立了“中支（华中）占领地区图书文献接收委员会”，该委员会以“满铁上海事务所”“东亚同文书院”“上海自然科学研究所”等机构的成员为骨干，表面上都是文化人、“中国通”，其实就是图书大盗。“南三阁”中仅存的文澜阁本，自然被他们视为囊中之物。

然而，该委员会的 9 人小分队在疯狂扫荡了文澜阁、浙江省建设厅、西湖博物馆等 26 个机构单位后，却“遗憾地”一无所获。后来，日军打听到书已转移到富阳山区，又磨刀霍霍地杀到了富阳渔山。

富阳渔山赵坤良旧宅，作为文澜阁本迁出杭州后的首个落脚点，曾藏书达 3 个月之久。很多年以后，赵坤良的后人讲述了鬼子进村的情形："1940 年日寇为逼出国宝下落，纵火烧了我家新宅，当时房屋都烧完了。"

赵坤良家有一把小凳子，把小凳子翻过来，背面有赵坤良的亲笔题字："民国二十九年（1940 年）敌寇流窜本乡，新居被焚，此凳因借石马村小学，由幸得保存。"这段文字穿越至今，既是日寇侵略的罪证，更是护书人无悔的气节。

赵家新宅烧光了，但藏书的老宅却躲过此劫，今已成为文澜阁书西迁的首站纪念馆。其实，在日军赶到富阳时，早有人棋快一着，把书转走了。这些书后来又辗转浙、赣、湘、黔、川五省，一次次逃过危机，抗战胜利后才运回杭州，往返行程达 5000 多公里。

"前丁后陈，并垂不朽"

主持这次抢运的，是时任浙图馆长的陈训慈。

在老照片里，陈训慈给人的第一印象是"瘦弱"，在浙图后人的回忆里，他是位"瘦瘦小小的老者，拄着拐杖，踩着碎步进进出出，好像生怕踩着蚂蚁，连生气都是文绉绉的"。这么个文弱书生，找人，找钱，找车，奇迹般带着国宝翻山过河，躲过了炮火轰炸。

为抢运国宝，陈训慈曾多次到浙江省教育厅寻求帮助，但均失望而归，还吃过几次闭门羹。史学家毛昭晰说："陈先生曾多次向我讲述，他和西湖博物馆馆长董聿茂先生去找厅长要求拨款遭到的冷遇，每次说到这件事，都非常气愤。"

后来，浙江省教育厅耐不住陈训慈软磨硬泡，发 300 元作为路费，但这根本办不成什么事。陈训慈只好回老家，将家中谷仓中的稻谷全部贱价出售，这才筹到了急需的 200 元。

从建德往龙泉那次转移，运费又无着落。1937 年 12 月 15 日，他在日记中哀叹："又为运书款绌，已向张晓峰借二百金，自垫二百金，今悉罄，无以应挑工工资，乃往访振公，仅借得六十金，应付颇不易。"

学者吴忠良在 2014 年采访过陈训慈的女儿陈约文。让吴忠良倍感唏嘘的是，为了救这些书，陈训慈让即将生产的夫人独自带着 5 个孩子回老家。临行前，他对夫人只有一句交代："你们自己逃难去吧。"

这句话，让那一笔一画写下来的 8 亿字，没有白写；这句话，也让他作为一个丈夫、一个父亲，显得颇为无情。

陈约文对此并无怨言，反而泪流满面，觉得父亲太伟大了。她生在嗜书如命的家族，"江南三阁，文澜独存"的故事自小熟知，当初是八千卷楼的丁氏兄弟，侠肝义胆，才使这些书幸存下来，而"护书仿佛就是父亲的天职"。

陈训慈在《运书日记》中，每每"怆然于怀"，也常想起乱世收书的丁氏兄弟。

1860 年，太平军第一次攻入杭州，文澜阁并未遭劫。第二年，太平军再次进入杭州，已经坍塌的文澜阁无人顾及，藏书流散民间。

距孤山 10 多公里外的留下镇，丁丙、丁申兄弟正在西溪丁氏家祠中避难。兄弟俩去集市采购，丁丙撕开包装纸，突然瞥见纸页一角有个鸡血印记。

“这不是乾隆御览后的宝印吗？”作为八千卷楼主人，丁家藏书无数，自然认得文澜阁本上的藏书章。

“文澜阁书得无零落在此乎？”兄弟俩心急如焚，但沿街收购，只是杯水车薪。他们打听到，太平军攻城后，文澜阁曾一度作为军营，但并没有被焚，便谋划着潜入城中，到断壁残垣中去找书。

月黑风高夜，丁氏兄弟带着几个胆子大的，潜入孤山脚下的文澜阁，用小船将剩余的书一点点偷运出来，连夜搬回留下镇。

西溪到孤山，需越山涉河，加上沿途太平军驻守，一不小心就会丢了性命。但他们竟然坚持了大半年，抢救回来的书，虽多为残编缺卷，但已占全部文澜阁本的 1/4。

为保安全，丁氏兄弟还把这批书运往上海暂存。这一路也是几次盘诘，太平军“虎视蜂拥，举白刃相向”，最终凭“二君从容剖辩”，终于放行。

谭钟麟任杭州知府时，对丁氏兄弟抢救文澜阁本的义举就甚为感佩。再度到杭州任巡抚，见他们已收回文澜阁旧藏近万册，决定重建文澜阁。

光绪七年（1881 年），新阁建成，书楼依旧在，但书却难全。丁氏兄弟发愿用江南旧藏将剩下的 3/4 都补上。他们招募了 100 多位书生，个个一手好字，抄遍了丁家祖传的八千卷楼藏书，又从宁波范氏天一阁、杭州汪氏振绮堂等数十家藏书楼借底本来抄。

除了江浙，丁家还派出补抄团，远赴湘潭卧雪庐、宣城瞿硎石室等藏书楼去借书抄书，最远到达广州孔氏三十三万卷堂。

整整 7 年，飞花入字。光绪十五年（1889 年）清明，丁丙在丁申墓地泣泪长告，文澜阁本仅 1000 多册没有找到底本，剩下的，都抄全了。丁丙后来在《八千卷楼自记》中告诫后辈：“吾祖吾父之志，吾兄未竟之事，吾勉成之，小子识之。”

清末民初，丁家自顾不暇。阁书从文澜阁迁至浙图的德式红洋房，得到了更为妥善的保护，丁丙遗志也被一代代浙图人所继承。

钱恂是浙图首任馆长，虽然后来做了京官，但对补抄一事仍系于心。1915 年，他请袁世凯特批，商借文津阁本，在北京的家里设立补抄馆，前后历时 8 年。

张宗祥任浙江省教育厅厅长后，决心补抄完整。但他秉性清高，“不愿向公家要钱，受着种种闲气和束缚”，其抄书经费全在浙江籍人士中募集，未动用公家一纸、一笔。

在上海筹款时，商务印书馆董事长张元济等学者同时要求他“无论你的官升迁到什么地方，这一件事体必须办到结束为止，不能半途丢着不管”。张的回答是：“除了死，我一定管到底。”

文澜阁本的补抄犹如一场持续 60 余年的“接力”。丁丙跑完“第一棒”，钱恂毫不迟疑地接过“第二棒”，张宗祥在“第三棒”奋力冲到了“终点”。

由于补抄本多采自江南藏书楼，未受清廷删改，所以留存至今的文澜阁本，比原本更完整、具有更高的版本价值和历史文献价值。

比如，岳飞《满江红》中的名句“壮志饥餐胡虏肉，笑谈渴饮匈奴血”，因“胡虏”“匈奴”等在清代属于犯忌语汇，所以在收入《四库全书》时被改为“壮志肯忘飞食肉，笑谈欲洒盈腔血”，显得不伦不类。存世的文渊阁本、文津阁本和文溯阁本中的《满江红》一词，都是惨遭删改的，只有文澜阁本恢复了这首词的原貌。

数次补抄的“百衲本”存世，是中国乃至世界文化之大幸，对浙江人来说，更是一种精神上的传承与寄托。陈训慈生在浙江慈溪官桥陈氏家族，是蒋介石“文胆”陈布雷的亲弟弟，又参与过补书抄书，自然深知这“百衲”中凝聚的心力。

省内三迁，无钱无车

带着书逃难，还能多次跳出日军围剿，躲过一次次空袭，这与陈训慈曾师从竺可桢，有史地研究功底有很大关系，他似乎总能洞察局势，料敌先机。

1932年，陈训慈出任浙图馆长的第三天，一·二八事变就爆发了，商务印书馆总馆和东方图书馆被日军有计划地焚毁，图书事业损失惨重。他写道：“职司文化机关者，亦宜策万全之道，以防患于未然。”

此后，陈训慈虽患病咳血，还是把图书馆工作做到了极致。在他任上，浙江图书馆成了全国最早的“24小时图书馆”，全年365天日夜无休，并为读者代办膳食，省内提供书籍递送。这种书生救国的紧迫感，正源于他对战争的忧患意识。

对文澜阁本，陈训慈“常登临摩挲，感念前贤之劳绩不置”，他本想让《四库全书》“深入社会，以为推动一切事业之主力”，但溃败来得比预想还快。

七七事变后，预感到中日军事力量悬殊，陈训慈开始筹划“搬书避难”，并向教育部和浙江省教育厅厅长许绍棣打报告。即便没得到答复和经费，他仍命总务组赶制木箱。

陈训慈胞妹陈玲娟当时在杭州艺专上学，写得一手好字，参与了清点、登记和装箱工作。1937 年 8 月 1 日至 3 日通宵工作的情景，她在百岁时仍历历在目：

> 在红楼二层，按顺序摆放着一排排刻写“钦定四库全书文澜阁尊藏”字样的书橱。打开书橱，看到的是用银杏木夹板夹好的一册册库书，古籍之间垂下来的一张张书签，方便查看和登记图书信息。丁丙补抄后，就制作了这批书橱藏书。

在整理过程中，书箱的防潮和防蛀是重要问题。为此，陈玲娟特地去自己上学的艺专找来一批油画布，又去街上购买了不少樟脑丸和棉纱布。装箱时先把油画布垫箱底，书装满后再在箱内四周放上装有樟脑丸的小布袋。遗憾的是，临时寻找防潮材料不易，仅一部分书箱做了这样的保护。

4 日凌晨，228 只木箱，包括文澜阁本 140 箱、善本 88 箱，在月光下泛着微光，馆员们用墨笔在箱底写上“浙图孤山分馆”，算是最后的身份证明。

早上，天公偏不作美，台风过境，在西湖掀起数尺高大浪，许多大树被连根拔起。为了赶在钱塘江封江之前离开杭州，馆员们利用卡车冒雨将书运至南星桥码头。陈玲娟目送史美诚、夏定域、毛春翔、叶守荣等护书人消失在风雨中，哪知，这一去就是 9 年。

陈训慈没有随书登船，他不仅要继续搬书撤离，还要联络各方创办《抗敌导报》。值得一提的是，就连宁波天一阁的 9000 多册藏书到浙南，也是由他组织抢运的。杭州沦陷前 3 天，他才最后撤出，妻儿逃难回老家，他也没去火车站送行。

8 月 5 日中午，库书抵达富阳渔山。馆员夏定域站在船头，望着两岸青山，分外亲切，他就是富阳人，与渔山乡绅、时任《东南日报》编辑的赵坤良是同乡挚友，早在抗日战争全面爆发以前，他就来勘察过这里的地形，将藏书点定在赵家老宅。《富春渔山赵氏家谱》中记载："此地距江岸十五里，群山环绕，人迹罕至。"

从码头到赵家老宅还有 15 里山路，赵坤良早有安排，百余村民肩挑扛抬，终于在天黑前完成了书箱搬运。张水木老人在 91 岁时回忆："重的箱子两个人抬，轻的一人挑两箱，来回一趟要两个小时。"

为确保安全，赵坤良拆掉了老宅的灶头，严禁宅内使用明火，并让家人都搬到新宅居住。浙图馆员毛春翔等，有的会点武功，在楼下日夜守护，三餐均由赵家人烧好送来。

渔山有码头，便于沿江转移，但与杭州仅一江之隔，并非久留之地。毛春翔回忆，及至 11 月间，日机轰炸杭城，山里也可听见爆炸声。"一旦杭州失守，侵华日军旦夕渡江，随时可达，库书安全顿成问题"，陈训慈决定，继续藏书沿着水路跑。

出发前，夏定域抽空回了趟老家。道别时，他见长子夏锡楚已

11 岁，便想着把儿子带在身边，历练一下，没想到，这一路苦旅，竟造成儿子因病早逝。

这次转移，仍没有经费，还是浙图总务主任史美诚向赵坤良借了 200 多元。小船逆水而上，“越桐庐，至俞赵，船重水急，无法上驶”，不得已，又卸船装车，花了 3 天时间才运到浙西建德。为了借车，陈训慈被官僚耍得团团转，吃尽苦头，最后还是向自己的老师、时任浙大校长的竺可桢求助，才从浙大西迁的车队中抽调了一辆。

12月24日，杭州沦陷，建德又成前线。陈训慈听说南京也沦陷了，不由担心文渊阁本有失，文澜阁本成了孤本，建议教育部将库书内迁，以保存文献。可浙江省政府就是不愿意库书出省，希望在省内觅地隐藏。

中央和地方之间互相扯皮，陈训慈周旋其间，受尽夹板气。次年元旦，他坐在去金华的船头，把自责写进日记：“此次仓皇迁避，搬书未完，未达安全之地，尤觉未能善其守书之职，忧咎难以自解也。”

“当时船只极少，浙图又无自己的卡车，省教育厅虽有经费而不允拨款，幸赖竺师对浙图之同情，对文物图书之重视，慨然命浙大腾出自己的运输卡车，多次为浙图抢运阁书及其他书籍。”在浙大的帮助下，库书于 1938 年 1 月转运到了四面环山的龙泉。

龙泉旧属衢州地区。杭州笕桥机场失陷后，衢州机场成了东南战局的重中之重，也是日军的重点军事目标。

教育部再向浙江省政府连发三通加急电报，但省政府主席黄绍竑，是桂系军人出身，对《四库全书》全无了解，甚至还问身边的人，这书是不是某种档案。

会上，他表态说，土地人民都放弃了，还谈什么文物。教育部如果要，就自己来运吧。也就是说，书要运到外省，省政府不出钱，不出车，不负责。

数次呈请迁书未果，1938 年 1 月 7 日，陈训慈写道："今既无余钱又无交通工具，无米之炊，前已饱受痛苦，今将安所效力。瞻念万一疏失，将何以对浙人，何以对文化，不禁殷忧，尤不禁对主持教育行政者致其愦愦也。"

僵持不下时，浙大校长竺可桢再向教育部部长陈立夫建议，这套书"硕果仅存"，应该转移到大后方，并表示，浙大愿意支援。1938 年 3 月，竺可桢筹集到 2000 元，作为到贵阳的垫付款，并派浙大教授李絜非到龙泉，协助运书。

贵州六年，洞里藏书

1938 年 3 月 27 日，文澜阁书出省西迁的苦旅启程了，仅在武夷山和仙霞岭中迂回，所遇的险情，就不计其数。

自浦城至江山峡口，山势险峻，天气恶劣，一辆装书的车翻入江中。毛春翔从那辆车上摔下来时，腰间所挎的手电筒猛烈撞击腰椎，致使他腰部受伤。此后好多年，他仍常常闹腰背痛。

"人可以死，书不可以损失"，毛春翔竟跟着书一起跳入水中。

幸亏书箱沉重，不久便沉底，并没有被冲走。毛春翔恰好是江山人，他用家乡话对来帮忙的乡亲们说：“这些都是因日本鬼子而‘逃难’的宝书，请父老乡亲助上一臂之力。”老百姓一听江山口音，都觉得亲热，又听说这书是“国宝”，便连价钱也没讲，一个个跳到冰冷的河里。

捞上来的 11 箱书若不及时暴晒、晾干，很容易“结饼”或霉烂。所幸第二天有太阳，一大早，毛春翔、虞佩岚等就向老百姓家里借来竹簟，在城隍庙的天井里晒书。

礼贤的城隍庙天井在大堂最内侧，有两处，呈对称分布，各 9 平方米左右。两个天井里铺满湿漉漉的古籍，太阳虽大，可初春的阳光毕竟力道不足，两天晒下来，书籍仍在渗水。

鉴于形势极为严峻，江山不能久留。负责押运的李絜非痛下决心，湿书装箱，重新上路。《四库全书》搭上火车，经江西萍乡，过湖南株洲到长沙，又经湘北、湘西，一路风雨兼程，于 4 月 25 日抵达贵州贵阳，秘藏于西门外的张家祠堂内。

摆在护书人面前的首要问题，还是在江山落水的那 11 箱湿书，尽管大家在路上见缝插针地晾晒，但耽搁一个月之后，情况比当时更糟，必须在太阳底下翻晒。

所谓翻晒，就是要先一页一页将其仔细揭开，再垫上毛纸晒，这 11 箱书有 300 多册，共 15 万页，可见工作量之大。

贵阳的天气是出了名的阴晴无定，“天无三日晴”说的就是这里。当时是春天，老天的脸更是说变就变。夏定域带着几名临时工，见太阳高照，就赶紧快手快脚将书摊开，但往往刚摊几排，雨点就下来了，又要以更快的速度收书。他们就这样反反复复、不厌其烦地晾晒了好几个月。唯一可欣慰的是：由于这批书的纸质较好，并没有出现霉烂的现象。

原以为贵阳地处万山之中，是个安全地带。不料，忽然又有 18 架日机袭击贵阳市中心，炸毁建筑无数，伤亡数千人。张家祠堂距市中心只有 2 公里，若再来一次轰炸，后果不堪设想。

夏定域等人向贵州图书馆的同行请教，该馆有位勤杂工向他们建议：“贵阳北郊的山上有个地母洞，可藏很多书，还不怕敌机炸。”

贵州图书馆馆长蓝端禄秘密派人到地母洞勘察，发现这是一座被茂林覆盖的天然溶洞，处在高山顶，洞高四五丈，深七八丈，有 100 多平方米，确实是个天然书库。

他们在洞边搭了 3 间茅屋，作为办公室和宿舍；洞内三面隔板，顶上搭斜棚，覆以瓦片，涂白灰，防漏；下置木台，离地约二尺，周围撒石灰，防潮；洞外疏浚沟渠，防雨水侵入，算是有备无患。1939 年 2 月，文澜阁书在地母洞里，终于过上了安稳日子。

1940 年秋，陈训慈应其兄长陈布雷之邀，到重庆军事委员会侍从室第二处任职。上任途中，他专程绕到地母洞查看文澜阁书保管情况，恰好夏定域应浙大之聘，到文学院任教；毛春翔也受老乡何炯之邀，要到湖南黔阳县任教育科科长。

陈训慈担心库书无人看管，就将与自己同行的表弟柳逸厂留在贵阳，接替夏定域的工作。后柳逸厂因病辞职，陈训慈亲自写信召毛春翔回来，并寄旅费 300 元。毛春翔是浙图人，一路护书到富阳、建德，亲历江山翻车，对这部书感情很深，便辞官回到了清苦的山洞。

自他接手后，除按以往组织秋季晒书外，还在春季加晒一次。因是主动加晒，没有向教育部申请津贴，只勉强从办公费和自己的工资中挤出一点补助款给雇工。毛春翔后来记道："黔人质朴，得此少许津贴，亦知感奋，汗流浃背，毫无怨言。"

陈训慈虽然离开了浙图，但在重庆期间，利用一切机会，向蒋介石、陈立夫汇报文澜阁书的困境，催促重庆政府拨款护书。

1943 年，蒋介石电令贵州省主席吴鼎昌："地母洞潮湿，藏书恐霉烂，应另觅安全处所迁藏。"后经贵州省教育厅实地勘察，开箱验书，发现图书保存完好，也就不换地方了。

央图争宝，劫后回归

书在洞中 5 年多，眼看抗战胜利曙光已现，1944 年，日军却突然杀入贵州独山。毛春翔赶紧给老馆长发去快电，陈训慈则在重庆斡旋，最终，教育部决定将书运到自己眼皮底下保管。

12 月 13 日，文澜阁书运达重庆青木关，秘藏于教育部部长公馆隔壁的 4 间大瓦房中，公馆配有 4 名警卫，备有武器，安全不成问题。

一时间，文澜阁本未来的去向，又成了关注焦点。

早在书存贵阳时，就有传言说，贵州大学想把书留下。竺可桢还给陈训慈去信，请他留心，最好让贵州大学早点打消这个念头。

近年来档案公布，才发现这是个误会。贵州大学校长张廷休，并非要留书，而是想借书抄书。最后教育部提出折中建议，抄全书“极为不易，且有散失之虞”，可以抄写“书中有关西南文献为外间未经刊印之孤本”，为防止阁书散失，抄写工作不能离开藏书场所。

这项工作后来由贵州大学教授、国学大师柳诒徵具体办理。可惜的是，在地母洞抄的《四库全书》西南文献，后来皆毁于战火。

书到重庆，又传出“蜀中有力人士倡议文澜阁书应留西南，以助拓展文化”的消息。不过，阁书最有力的竞争者，当数即将返回南京的中央图书馆。

为应对四方争宝，1945 年 2 月，在重庆的浙江人成立了文澜阁书保管委员会，“当时是以保管妥善为理由，实际是预为以后原璧返浙之地”。

抗战胜利后，时任中央图书馆馆长的蒋复璁果然找到了保管委员会委员张宗祥，希望阁书能放到南京，理由是南京是国都，“放在南京更起作用”。

张宗祥毫不客气地把他顶了回去：“我补抄时未用公家一纸一笔，都是向浙江人募捐来的私财，外省的富翁也不曾惊动一个。所以现在这一部书多少有一部分属于浙人公有的，政府先征求浙江父老的意见，看看如何？”

竺可桢也力拒中央图书馆接收的要求，坚持“浙人护之，浙人存之”，后经浙江参议会代表民意，电告南京政府，此议才作罢。

历经诸多艰难险阻，文澜阁本终于由 6 辆汽车载运，11 名警卫护送，毛春翔、夏定域等 6 人押运，离开了青木关，踏上了还乡的归程。

本文来源：2025 年 4 月 29 日《北京日报》9 版、12 版

第四部分

跨越国界的抵抗力量

义士护金陵

辛德贝格百日人道救援

黄加佳

辛德贝格，原是一个丹麦小伙子的名字。南京大屠杀期间，他曾庇护了近 2 万名中国难民，并用照片和文字记录下日军的暴行。当时，在水泥厂难民区躲避日军屠刀的中国人，称呼他为“丹国人辛波”。

与在南京大屠杀中救人无数的约翰·拉贝、明妮·魏特琳、约翰·马吉相比，辛德贝格并不知名。有限的记载中，他年轻、冲动、脾气火暴，常常与人发生冲突，是个横冲直撞的毛头小子。他做过水手，当过饭店前台接待员，开过卡车，是个寂寂无闻的小人物。

然而就是这样一个小人物，在南京大屠杀的血雨腥风中，迸发出了人性的光辉。他的善良和勇气，在那段黑色的历史中给人以希望。

辛德贝格是谁

2000年以前，史学界对“辛德贝格”的了解仅限于《拉贝日记》中的人名。

《拉贝日记》中多次提到，江南水泥厂的丹麦人辛德贝格先生为他们送来食物。辛德贝格是谁？他为什么会留在战时的南京？他在江南水泥厂又做了些什么？对此，人们一无所知。

要想深入了解辛德贝格，就不得不提起高兴祖。一直以来，高兴祖被尊为中国南京大屠杀研究的开山鼻祖。早在20世纪60年代，他就带领学生进行过关于南京大屠杀的田野调查。有关南京大屠杀的各种研究，几乎都离不开他的基础调查。对辛德贝格的寻找，也是从高兴祖开始的。高兴祖教授去世后，《中国青年报》驻南京记者站记者戴袁支接过老教授手中的接力棒，把寻访进行下去，并远赴丹麦挖掘出了辛德贝格的身世。

1911年2月19日，辛德贝格出生于丹麦奥胡斯市。在家人眼中，他从小就是个不安分的孩子。辛德贝格的妹妹比滕·安得生告诉戴袁支，辛德贝格14岁时，就曾离家出走，独自跑到德国汉堡。1928年，17岁的辛德贝格摆脱了父母的管束，外出闯天下。在随后的几年中，他当过海军，做过法国外籍军团的雇佣兵。1934年，他登上一艘从旧金山开往上海的轮船，做了船员。辛德贝格文化水平不高，年轻气盛，爱打抱不平。在船上，他看到有船员遭到虐待，便出来主持正义。结果，船还没到上海，他便被关了起来。

显然，当时年轻的辛德贝格在众人眼中是个爱“惹是生非”的人。

不过，也许正因性格刚烈，他才有勇气在南京大屠杀期间挺身而出，保护中国难民。

1937 年年中，辛德贝格从上海乘船启程。他离开中国不久，便相继爆发了七七事变和八一三事变，辛德贝格的旅程使他恰好躲过了战火。别人经历同样的情形恐怕要大呼庆幸，可辛德贝格却在当年 11 月份又千辛万苦回到了上海。这也是他爱冒险的性格使然。只是，决定返回中国时，辛德贝格也不会想到，他将要经历的是怎样的一个人间地狱。

回到上海后，辛德贝格发现他所在的公司早已人去楼空。上海市面上的商业活动完全停止。丹麦领事馆规定，如果没有充分合理的理由，所有侨民一律不得留在上海。辛德贝格没有选择撤离，他加入了上海租界议事会组织的万国军团，成为一名士兵。万国军团是一个临时组织，仅仅维持了一个来月便被随后赶到的正规军队取代。不过，这一个月的军旅经历给辛德贝格留下了刻骨的回忆。

他在自述中写道，上海先施百货公司被炸，他所在的小队被派往先施公司搜寻伤员。他看到沙发下面有一只伸出来的手臂，可当他挪开沙发后，发现那只是一只手臂，身体早不知被炸到哪里去了。

“这儿有一颗头颅，那儿有一只胳膊，电话线上挂着肠子，到处都悬挂着支离破碎的残体。”这些残酷的画面，透过文字仍然触目惊心。

临危受命

1937 年十一二月间，上海除了租界区已全部沦陷，日军开始向南京方向进攻。不巧的是，11 月初，位于南京城外栖霞山的江南水泥厂刚刚安装设备完毕，点火试车成功。

江南水泥厂是当时亚洲产量最大的水泥厂之一。眼看着新厂一天都没生产，就有可能被日本人夺走，股东们心有不甘。

鉴于江南水泥厂的设备来自丹麦，还有尾款未结，江南水泥厂董事会向 F.L. 史密斯公司提出，款项未结清前，设备仍属于丹方所有，请 F.L. 史密斯公司派人守护设备。丹麦是中立国，置身于战争之外，因此答应了江南水泥厂的请求。当时，在华的丹麦人屈指可数，F.L. 史密斯公司很快便相中了刚刚失业的辛德贝格。

江南水泥厂董事会觉得，靠丹麦人的力量还不足以守护工厂。德国与日本是“轴心国”，要是能找个德国人保护工厂就更好了。此时，唐山启新洋灰公司陶瓷厂的德籍技师卡尔·京特进入了他们的视野。京特一家与启新洋灰公司渊源甚深。1900 年，卡尔·京特的父亲汉斯·京特就受聘于启新洋灰公司做技师。卡尔·京特本人便出生在唐山。据京特夫人说，他是先学会说中国话，然后才会说德语的。1935 年从德国获得博士学位的卡尔·京特回到唐山，在父亲创办的唐山启新洋灰公司陶瓷厂工作。

江南水泥厂向德国禅臣公司购买电机是现金交易，当时交易早已完成，禅臣公司是不可能派人来保护设备的。于是，他们找到卡尔·京特，希望他能假扮成德国禅臣公司的代表前往南京护厂。在董事会的游说下，卡尔·京特决定冒险南下，保护工厂。

1937 年 12 月初，卡尔·京特与辛德贝格从上海出发，前往南京栖霞山。

今天，我们仍能看到，辛德贝格临行前在丹麦驻沪总领馆签下的“生死状”：

> 我特此同意志愿前往南京附近的栖霞山江南水泥厂，战时停留期间，风险自担，假设我负伤、伤残或是死亡（除了合理的医疗费用），不对 F.L. 史密斯公司或任何其他方面附带任何要求……

戴袁支说：“从这份生死状可以看出，辛德贝格临行前知道此行的危险，他是做好了心理准备的。”

水泥厂难民区

1937 年 12 月 2 日，辛德贝格、京特和江南水泥厂董事会为京特派遣的翻译颜景和、李玉麟一起前往南京。据颜景和后来写的报告记载，由于战事在苏州、无锡一带展开，沪宁之间不能通行，他们只好绕道江北，经南通、如皋、泰州、扬州，渡江至镇江，再驱车来到栖霞山。当他们走到江北时，情况已经非常危急。“军队云集，难民塞途，船只封差，交通梗阻，日机轰炸，人心慌张，士兵检查，到处留难。”经过 3 天的跋涉，他们终于在 12 月 5 日到达了江南水泥厂。这时，大部分工人已经被遣返回籍，仅有的 20 余名护厂工人也已吓得魂不附体。

京特和辛德贝格到厂后，立即升起了德国和丹麦的国旗，以防日军飞机轰炸。后来，辛德贝格在给友人的信中称：“我在厂里升起了中国最大的一面丹麦国旗。此外，我还让人在厂房的屋顶上用油漆刷了一面约 1350 平方米大的巨型丹麦国旗，这样在空中就能清楚地看到。我想这肯定是有史以来最大的一面丹麦国旗。”

12 月 8 日晚，守卫南京的中国军队全线溃退。9 日，第四十八师二八七团在梅墓一带与日军展开了激战。这是距江南水泥厂最近的一战，直线距离仅一两千米。当晚，二八七团火力不支，退出梅墓，栖霞山就此沦陷。

栖霞山沦陷后，附近村庄的村民不约而同地往由德国人和丹麦人镇守的水泥厂跑。据颜景和给董事会的报告记载：

> 十二月九日战事迫近栖霞，公路附近，竟成焦土，农民流离失所，无家可归，因此来厂避难者，数以千数。职因同属国人，为良心所驱使，不得不设法收容。自十一日起至三月下旬止，共收容难民有一万五千之多……

戴袁支着手研究辛德贝格和江南水泥厂难民区的历史后，曾多次访问过水泥厂的退休老工人和附近的村民。据曾给京特当过 8 年厨师的退休老工人贾有永回忆，当时江南水泥厂的正门是北门，后门是南门。工厂三面由护厂河环绕，沿河竖有竹篱笆，只留后门供人出入。难民区在工厂厂区之外，分南北两片。

曾参与过难民区管理的徐莘农留下的书信，也证明了这一点。据徐莘农记载，难民区南片自竹篱至蒋生记推泥车轨终点止。这个范围大致是今天江南水泥厂职工宿舍——红旗新村一带。北片，东起护厂河，南至工厂北大门，西至栖霞山山脚，北至工人住房。

通过现存的历史照片可以看到，当时工厂附近的丘陵上搭着各种各样的窝棚。据曾在难民区居住过的葛正银回忆，厂里盖了芦席棚给难民住，去得早的住在芦席棚里，去得晚的就自己找竹子搭“草披子”（草棚），铁路上和山上都住着人，估计有 2 万多人。

难民们从家里背来铺盖、口粮、锅碗瓢盆，有的还牵着牛。他们在窝棚外埋灶做饭。难民区里到处插着德国和丹麦的国旗。当时尚在年幼的苏国宝回忆，难民区里人挨着人，棚子挨着棚子，连解手的地方都没有。连下几天雨，就做不了饭了，人只好在棚子里干坐着。

人员密集的地方防火是关键。徐莘农在两片难民区各选了 6 名代表负责防火，每天他自己还要巡视一周。即便是这样，截至 1938 年 3 月 9 日，难民区还是着了三次火。

难民区的生活如同炼狱，辛德贝格在给朋友的信中感叹道：“只有上帝才知道这些可怜的人是如何苦熬度日的。”

相与周旋

虽然有德、丹两国国旗的庇护，但日本人也没少骚扰难民区。1938 年 1 月京特博士在给表兄的信中写道："关于日本军人方面……每日来参观的人很多。"由于环境险恶，他在信中写得很隐晦，但明眼人一看便知，日本人当然不是来参观的，他们的目的就是挑衅滋事和勒索。

颜景和后来给董事会的报告中写道："日军占领栖霞后，即不时来厂骚扰、捣乱。一日或来数次，或数十次。"

日本人来厂的首要目的是搜查有无漏网的中国军人。从现有的史料看，当年水泥厂难民区的确庇护过中国军人。辛德贝格妹妹比滕家保存着这样一张照片：一个窝棚前站着 7 个中国男人，其中两个人负了伤。他们虽是老百姓打扮，但照片下面辛德贝格用丹麦文写着："我的几个受伤的中国士兵。"

当时的中央军校教导总队骑兵队兽医罗祚威是南京大屠杀幸存者，他曾回忆，栖霞山沦陷后，日本骑兵分散到各村庄搜查掉队的中国军人，边搜查边烧房子。有几个中国军人逃到江南水泥厂，守门的工人一听一个军人说的是北京话，连忙说："我们都是老乡，快进门来！"这位同是北京籍的工人把他们安置在一间大屋里，并向一个外国人做了介绍。后来，这名外国人每天带罗祚威他们到河边去打捞死尸，葬到江边的小山坡上。罗祚威一共打捞起 8 具尸体，"全是被火烧过的残骸，面目都辨不清了"。

大屠杀期间日军并没有放松对江南水泥厂的搜查。京特和辛德贝格掩护这些没有武器的中国军人是冒着很大风险的。

日军骚扰江南水泥厂的另一个目的是混吃混喝。对于这些没事儿找事儿的日本兵，辛德贝格和京特只能“殷勤招待，相与周旋”。应酬日军之费，每月高达三四百元之多。

同时，辛德贝格和京特也成为难民区和附近村庄妇女们的保护神。居住在林山村的村民郭世美曾回忆：“有日本人来糟蹋妇女，报告厂里外国人，丹国人就扛个旗子出来，说几句，日本人就走了。”这个丹国人自然就是辛德贝格。

1937 年 12 月，日军全面控制南京后，留守在南京的各国友人成立了南京安全区国际委员会，该委员会的主席就是约翰·拉贝。12 月 20 日，辛德贝格借运送伤员进城就医的机会认识了拉贝。为了方便往返水泥厂和南京城，辛德贝格向拉贝借了一辆福特汽车。从此，他便经常往返于南京城和栖霞山之间。

在与日本人的周旋中，辛德贝格灵活地运用了自己的交际能力，以至于一段时期，他成为唯一能开车往来栖霞山和南京市区的人。

江南水泥厂地处农村，相比南京城更容易搞到食物。因此，辛德贝格经常开车给拉贝他们送食物。1938 年 1 月 23 日，拉贝在日记中写道：“辛德贝格又来了一趟城里，带给我 6 只蛋和 20 只活鸭，其中 3 只因为熬不过上班的几个小时，在袋子里断了气。厨师说：不要紧，还能吃！”

辛德贝格送来的不单是食物，还有难民的请愿书。1937 年 12 月 20 日，他第一次去南京城时，拉贝等人正在整理日军暴行的案例，准备起草请愿书，交给日本大使馆。受此启发，辛德贝格立刻回到栖霞山，草拟了《栖霞山难民致日本当局的请愿书》。拉贝将两份请愿书一起递交给日本南京使馆。在当天的日记中，拉贝写道：“日军士兵在栖霞山的所作所为同在南京一样恶劣。”这显然是他看辛德贝格带来的请愿书后的感慨，可惜他并没有把这份请愿书收录在自己的日记中。

然而，递交到日本大使馆的请愿书没有起到丝毫作用，日寇在南京城郊的烧杀抢掠，一天也没有停止过。

小医院

在辛德贝格和江南水泥厂职员颜景和、徐莘农的文章中，不止一次提到，江南水泥厂曾经设立过一个小医院。小医院的设立，源于辛德贝格几次送伤员进城受阻的经历。

1938 年 1 月 14 日，一个被炸掉一只眼睛、全身受伤的小孩被送到江南水泥厂。孩子的父亲说，日本兵在他们村里抢粮食。他们抓不到鸡，就用手榴弹炸鸡。一颗手榴弹在孩子身边爆炸，把他炸成重伤。见孩子伤势太重，辛德贝格决定把他送到南京城里去诊治。可走到南京中山门，守城的日本兵不让他们进城。辛德贝格不死心，又绕道太平门，径直闯进城，直奔金陵大学医院。

眼看越来越多的伤员涌入水泥厂，辛德贝格和京特决定在厂里建一个小医院。颜景和的报告中记载：“地方民众，避乱难民，受枪弹之伤，以及患染疾病者，不知凡几。职目睹心伤，特设立医院，以供施疗。医士及药品，由辛波君赴京，向鼓楼医院、红十字会接洽，派护士二人来厂担任诊治，药品亦由该会供给。”

到小医院就诊的伤员为数众多，且伤势惨不忍睹。目睹了一幕幕人间惨祸后，辛德贝格留下了一份珍贵的记录。这份记录被称为“辛德贝格案例”，现存于美国耶鲁大学神学院图书馆。这些案例至今读来仍触目惊心。

12 月 16 日，辛德贝格等人被一个农民叫到附近的村庄。他看到，一个年轻人的头几乎被砍掉了。年轻人的家属告诉他，这个年轻人原本已经躲进难民区。一天他和伙伴回村取粮食，正好碰到日本兵扫荡。日本兵硬说他是中国士兵，要处死。他们本想用刀砍下年轻人的头，可年轻人的衣领比较厚，头没有被完全砍掉。日本人把他丢下，让他自生自灭。由于伤势太重，年轻人挣扎了半个月，还是在 1938 年元旦去世了。

辛德贝格不但用文字记录下日军的暴行，还把南京安全区国际委员会的约翰·马吉牧师请到水泥厂。

在南京救助难民的国际友人中，约翰·马吉鼎鼎大名。他不但担任了国际红十字会南京委员会主席、南京安全区国际委员会委员，而且还用手中的 16 毫米摄影机拍摄下了日军在南京的暴行。马吉拍摄的 4 盘胶片、共 105 分钟的镜头是迄今为止有关南京大屠杀的唯一的活动影像资料。其中，就包括一组“栖霞山之行”。

“栖霞山之行”的第一个镜头是几个农民抬着一名伤员进入一个小院，解说词说：“这是乡下人把伤员运往南京近郊的急救医院的情景。摄于 1938 年 2 月 17 日。”

马吉拍摄的 5 号影片中，还有一组镜头是一个身穿白大褂的医务人员正在走廊上给一位伤员上药。这个镜头，很久以来都被认为是在南京鼓楼医院拍摄的。经戴袁支考证，它是在江南水泥厂小医院走廊第 3 和第 4 根廊柱之间拍的。

106 天的守护

虽然小医院救死扶伤，泽被一方百姓，但随着医院规模扩大，就诊人数日益增多，辛德贝格与京特之间的矛盾也越来越大。

辛德贝格刚开始在厂里搞小医院时，京特是支持的。他还从周边村庄找来中医参与救治。后来，前来就医的人越来越多。据徐莘农记录，每天前来就医的总有七八十人，再加上抬担架和前来探望住院者的，每天至少有 200 人出入医院。工厂的门禁，形同虚设。当时栖霞山附近土匪横行，京特担心有贼人假扮成患者混入工厂，图谋不轨。京特认为，他们的职责首先是守护水泥厂，庇护难民乃是副业，他主张将小医院迁到水泥厂外去。可是，一手操办小医院的辛德贝格不同意。水泥厂外乃是荒郊野地，除了难民们自己搭的窝棚，没有别的房屋。当时正值隆冬，辛德贝格认为，只有厂里的水泥房屋能够当医院。

辛德贝格与京特之间的矛盾越来越激烈。据说，脾气火暴的辛德贝格在一次争吵中竟用武器威胁了京特。3 月中旬，京特给身在上海的水泥厂经理们写信称：不能与辛德贝格共事，要求厂方把他调走。

接到信的水泥厂副经理赵庆杰，立刻联系了 F.L. 史密斯公司中国代表处，希望丹方能够另派一人协助京特工作。于是，F.L. 史密斯公司选派丹麦人艾纳·尼尔森接替辛德贝格的工作。为此，F.L. 史密斯公司还多给了辛德贝格 1 个月的工资，作为违约金。

辛德贝格在江南水泥厂难民区只待了 106 天，但这 106 天正处于南京大屠杀最血腥的时期。1938 年 2 月 18 日，南京安全区国际委员会在日本占领军的逼迫下改为南京国际救济委员会，成为一个救济机构，安全区也随之解散。3 月份以后，南京城郊的难民区规模渐渐缩小，难民们也相继回家去了。

辛德贝格虽然走了，但是栖霞当地百姓并没有忘记他。1938 年 12 月，京特去上海时，栖霞山的乡绅请他带给辛德贝格一块白色丝巾，上面绣着四个大字：见义勇为。丝巾的右上角绣着："辛佩先生惠存。"

辛德贝格离开南京时，日本人对他的身份产生了强烈怀疑。1938 年 3 月 23 日，也就是辛德贝格离开南京的第三天，美籍教授贝茨到日本大使馆申请旅行许可证。接待他的田中向他询问了许多关于辛德贝格的事，并且直截了当地问，他是否以摄影师身份从事间谍活动？

日本人的怀疑并非空穴来风。去南京前，辛德贝格曾给英国著名战地记者史蒂芬斯当过助手。1937 年 11 月 11 日，在上海战场采访的史蒂芬斯惨死于日军的枪口下，辛德贝格也就此失业。这才有后来他接受 F.L. 史密斯公司的聘任前往南京的事。与史蒂芬斯一起工作的时间虽然短暂，但对辛德贝格的影响很大。在南京，他拍了不少照片。

已故的江南水泥厂老职工王振庭曾告诉戴袁支："都说辛波胆子大，开车在外面跑，看到什么就拍。"有一次，王振庭在厂俱乐部的茶几肚里发现了一本相册，里面全是记录日军暴行的照片。王振庭记忆最深的两张照片是一个中国士兵被日本兵杀害在水塘里和一个被杀死的小孩。

直到 2005 年，戴袁支才在辛德贝格外甥女玛丽安妮的帮助下看到了这些照片。虽然相隔 60 多年，但那些画面仍然触目惊心。

后来，戴袁支在一篇辛德贝格父亲写的文章中发现，1938 年 6 月辛德贝格曾在瑞士日内瓦放映过马吉拍摄的影片。

1938 年 6 月，辛德贝格在日内瓦与阔别已久的父亲相聚。当时，第 24 届国际劳工大会正在日内瓦召开，中国派出了以朱学范为团长的代表团。在朱学范的邀请下，辛德贝格在日内瓦中国国际图书馆放映了有关南京大屠杀的影片。6 月 3 日晚，国际联盟成员代表、各国记者 100 多人参加了放映活动。放映前，辛德贝格坚持要求妇女、儿童离场。事实证明，他的决定是正确的，在影片播放和讲解的几个小时中，不少观众流下了眼泪。

在南京的短短 106 天，辛德贝格写下了最辉煌的人生篇章。在那个血流成河的人间地狱，他给无数绝望中的中国人带来了生的希望。

本文来源：2014 年 5 月 20 日《北京日报》17 版、20 版

红鹰翱苍穹

苏联援华空军的血色航迹

董少东

在中华民族艰苦卓绝的抗日战争中，最著名的国际援华抗日力量是美国的“飞虎队”。其实，在“飞虎队”之前，还有一支来自外国的志愿航空队，他们在抗战形势最危急的时候来到中国，与中国人民共患难 4 年多，同日本侵略者激战长空，打破了日军不可战胜的神话，为中国抗战胜利立下了汗马功劳。

这群翱翔在中国蓝天的战鹰是苏联志愿航空队。

抗日战争全面爆发之后，当英、美等国对中日战争还采取中立立场时，苏联是第一个援助中国抗日的国家。整个抗日战争时期，苏联援华飞机有 1000 多架，空军志愿队有 2000 余人。在多次空战、轰炸中，苏联志愿航空队击沉日本兵舰十几艘，击落、击伤敌机数百架，为中国的抗日战争作出了巨大贡献。同时，超过 200 名苏联飞行员血洒中国长空。

这一段蓝天碧血的历史，值得中国人永远缅怀。

失守的天空

1937 年 8 月 14 日，即淞沪会战爆发后的第二天，日军鹿屋航空队 18 架九六式陆上攻击机由台北起飞，轰炸大陆沿海机场，其中 9 架飞临杭州上空，准备破坏当时中国最重要的军用机场笕桥机场。

日本的轰炸机几乎是肆无忌惮地在中国领空横行。自 1931 年九一八事变以来，中国的空军没有对日本侵略者形成任何实质性的威胁。在九一八事变中，东北军的 262 架飞机甚至都没有升空，就被日军全部缴获。

但这次，大摇大摆来轰炸笕桥机场的日本飞机付出了代价。

一队中国空军的战斗机忽然钻出云层，咬着日本轰炸机喷吐着复仇的火焰。那是刚刚从河南调至淞沪战场的中国空军第四大队，大队长是中国空军王牌飞行员高志航。

经约 30 分钟激烈战斗，高志航大队击落日机 3 架，击伤 1 架，本队只有 1 架战斗机轻伤。此次空战是中国空军抗击日军空中袭击的第一次胜利，极大地鼓舞了中国军民抗日斗志。国民政府将 8 月 14 日定为“空军节”。

而这场胜利，险些成了中国空军抗战史的“绝笔”。

日本的九六式陆上攻击机是侵华期间轰炸中国的主力轰炸机，但其对空火力薄弱。而高志航大队所驾驶的飞机是美国产的霍克 3 型战斗机，主要作用就是空战。这场空战，中国空军占据了短暂的优势。然而这样的优势只能保证一场战斗的胜利——以当时中日双方的空军实力对比衡量，日本侵略者掌握的优势是压倒性的。

在抗日战争全面爆发前不久，1937 年 5 月，刚刚从美国空军退役的陈纳德，在宋美龄的邀请下来到中国，以专业顾问的身份对中国空军开始考察。陈纳德的考察结论很令人沮丧：中国空军名义上有 500 架飞机，但实际能飞、能空战的只有 90 架左右。

事实表明，陈纳德的说法可能还有“客气话”的成分。据中国抗战资料统计，在七七事变之前，中国空军列编 9 个大队、5 个独立中队，装备各种飞机 296 架，飞行员 620 名，能参战的不足半数。

在中国空军装备的飞机中，只有不到一半产于 20 世纪 30 年代，勉强能跟上时代，但又缺乏相应的维修、保养，实际上能够投入实战的飞机少得可怜。而且由于没有自己的航空工业，中国空军装备是典型的“万国造”，战时损失极难补充。

反观穷兵黩武的日本侵略者，空军当时不是独立的兵种，而是分别隶属于陆军和海军的航空队。1937 年全面侵华之时，日本陆军航空队已有飞机 1480 架，海军航空队有飞机 1220 架。日军飞机数量是中国的 9 倍以上。其中装备最多的是九六式陆上攻击机和九六式舰载战斗机，都是 1936 年投产的新机型，是当时世界军机的佼佼者。

中日之间的空战，是一场完全不对等的搏杀。

八一四空战之后，日本开始有计划地“绞杀”中国空军。8 月 15 日至 10 月下旬，中日双方为争夺上海、杭州、南京等地的制空权，展开了激烈的空战。弱小的中国空军有着足够英勇的表现，经过 3

个月奋战，使日本侵略者损失飞机 230 架（此为国民政府统计数字，日军统计为损失飞机 39 架）、击毙飞行员 327 名。

中国空军付出的代价更为沉重。国民政府没有公布过真实的战机损失，据日本公布的“战绩”，从 1937 年 8 月 14 日到 10 月 10 日，日本航空兵在空中击落 181 架中国战机，在地面击毁战机 140 架。陈纳德的回忆也反映出中国空军的惨烈损失：3 个月内，中国失去了 2/3 的飞机，到 11 月初，所有能飞的飞机加在一起只剩三十几架，基本上丧失了作战能力。

日本侵略者完全占据了中国战场的制空权。

就在此时，中国空军得到了强援。一支来自苏联的神秘航空队迅速组建，半空杀出。

磕磕绊绊地携手

中国国民政府与苏联在危机时刻的携手并非一拍即合，相反，此前几年间，双方经历了磕磕绊绊的外交波折。

1931 年爆发九一八事变后，中苏关系出现转机。日本侵占中国东三省的行径，也让苏联意识到危险，认为日本“对华战争就是进攻苏联的序幕”。共同的敌人让此前持敌对态度的中苏两国迅速靠近，1932 年年底，两国恢复邦交。

不过，外交关系虽然恢复了，中苏并没有真正消除芥蒂。

苏联在九一八事变后表现出的两面性，让国民政府心存疑虑。

一方面，苏联对日本侵占中国东北感到了危险的迫近，因而更积极主动地靠近中国；另一方面，苏联又在维持着对日本的安抚，对伪满洲国采取事实承认的态度，甚至把中东铁路出售给了伪满洲国。

国民政府此时也没有把苏联视为抵抗日本的盟友，更大的希望寄托于英美。而当时的中国在英美的外交版图中显然算不上重要，他们对中国的支持至多是“口惠而实不至”。甚至这些西方强国还在借着中日冲突大发战争财，助纣为虐。1938 年美国输入日本的货物中，钢铁等战略物资所占比重达到了 65 %；英国也是日本的一大军火卖家。

最终，日本挑起的侵华战争，让中国国民政府和苏联别无选择地走到了一起。抗日战争全面爆发一个多月后，中国同苏联迅速签订《中苏互不侵犯条约》，结成了“准同盟”关系。

“Z 行动计划”

这时的蒋介石，也一改此前对苏联的重重戒心，转而积极谋求与苏联签订“中苏互助条约”，请苏联出兵参战。据当时赴苏联谈判的国民政府代表杨杰回忆，苏联方面也多次暗示在关键时刻会出兵援助。斯大林就曾很直接地告诉他:“如果日本取胜，苏联将出兵。”

然而苏联出于自身利益的考虑，最终拒绝了“中苏互助条约”。苏联当时最关注的是西线德国越来越严重的威胁，他们的东线战略是支援中国抗战，让中国拖住日本，以避免自己与日本的直接对抗。

苏联与中国签订了《中苏互不侵犯条约》，给予中国大量的秘密援助，从根本上说也是出于自身利益。即便这样，对中国来说也是难能可贵的，苏联是抗日战争全面爆发后第一个向中国提供援助的国家。

淞沪会战爆发的第二天，蒋介石就向苏联驻华大使递交军火供给协议的草案：要求苏联在一个月内向中国提供 350 架飞机、200 辆坦克和 236 门大炮，同时还要向中国派遣苏联飞行员、航空技师、炮兵和坦克手，以训练中国军事人员。中苏之间很快达成了贷款和军火销售协定，苏联分三期向中国提供 2.5 亿美元贷款。

紧随其后，大批的苏联军事装备输往中国，滚滚铁流一直持续到 1941 年 6 月苏德战争爆发。这些武器包括：飞机 1235 架，坦克 82 辆，牵引车 602 辆，汽车 1516 辆，步枪 5 万支，子弹 1.8 亿发……

到 1937 年 10 月，中国空军的飞机已经在激战中损失殆尽。苏联援华的各种武器装备中，飞机无疑是最为急缺的，同时，飞机也是能够最快速地送到中国战场的。

二战中担任苏联红军工程兵部部长的卡利亚金，就是苏联援华抗战期间来到中国的一位高级军事顾问。他撰写的《沿着陌生的道路》，回顾了 1939 年奉调回国前的所见所闻。卡利亚金虽然不是空军，但对苏联援华情况有相对全面的掌握。他在回忆苏联援华武器装备的章节中，用很大篇幅叙述了苏联战斗机的优异性能，以及对日本飞机的各项优势。那个章节的标题翻译成中文是“苏联技术装备显神威”。这个颇为骄傲的口吻倒真不是自夸。

苏联把自己空军的当家机型给中国送来了。

苏联援华的战斗机主要是伊15（外号“黄莺”）和伊16（外号“燕子”）。这两种飞机是当时世界军机中的先进机型，各有过人之处。伊15是双翼机，飞行稳定，转向盘旋性能优异，缺点是飞行速度较慢。而伊16是单翼机，飞行速度快，俯冲、爬升性能出色，不足之处是操纵没有那么灵活。

苏联飞行员根据两种飞机的特点，采用双机配合的战术，面对它们的主要对手——日本的九六式，在机动性和速度上分别发挥优势，形成互补，在此后的空战中，战果显著。

苏联为中国提供的轰炸机是图波列夫设计局的斯勃快速轰炸机（外号“喀秋莎”），它以轰炸机的面目出现，其速度甚至比日本九六式战斗机还要快，单凭速度就能摆脱日本飞机的追击。

不但提供性能出众的先进飞机，苏联还同时派来了优秀的飞行员。

苏联国防部长伏罗希洛夫在1937年9月接到了命令，要求召集最好的志愿飞行员，向中国派送战斗机和轰炸机。名义上是“志愿飞行员”，实际上完全是以军事命令的形式抽调，这些飞行员来自苏联各地，多为经验比较丰富的飞行员，也有一些空军试飞员。

为避免刺激日本，苏联对中国的援助极为隐秘，甚至在苏联内部都采取了严格的保密措施。整个援助计划用“Z行动计划”代称。据当时援华飞行员回忆，第一批来华的飞行员接到调令时，甚至都不知道自己的目的地。有不少人猜测是前往正在进行内战的西班牙。因为他们的指挥员雷恰戈夫（旅级，苏联高级军衔，相当于准将）、后来担任中国空军顾问的索尔上校等，都曾在 1936 年作为志愿飞行员到西班牙参战，是空军部队里鼎鼎大名的英雄人物。

第一批援华的战斗机首先在苏联境内的阿拉木图（今哈萨克斯坦境内）集中，然后飞往新疆，最后在兰州交付中国。在苏联境内，这些飞机上的苏联空军标志就被全部清除，机翼上刷上了青天白日机徽，连驾驶杆都改成了蓝白相间的国民党空军标志性涂装。

这是一条长达数千公里的超远航程，当时的战斗机航程一般不过数百公里，中国紧急在沿途开辟简易机场，为这些战斗机做中继。

时值隆冬，沿途经常遭遇狂风暴雪，气象条件恶劣，简易机场又难以满足安全降落的条件。第一个开辟这条航路的战斗机中队就损失了一架战机。而在 1937 年最后的两个月中，先后有 20 架援华战机在途中失事。1938 年以后，苏联的战斗机就改为配件，和其他援华武器装备一样由陆路或是空中运输，到中国再组装起来。

而轰炸机航程远，直接从苏联的远东地区起飞，中途只需经停乌兰巴托一次，就能飞抵兰州。

兰州，是中国接收苏联援华武器和物资的中转站。

红色通道

大规模的跨国武器输送，即便保密工作再出色，也无法完全避开日本的情报侦察。甚至连日本的媒体都对此有所察觉，1937 年 10 月，日本的《每日新闻》就报道说：“9 架苏联制造的高速战斗机在某地组装，并通过兰州、西安运到上海。”

日本军方对此早已心知肚明，他们很快摸清了苏联援华飞机的航路，并且准备把这些援华武器毁在半途。

据饶世和著《飞翔在中国上空——1910—1950年中国航空史话》记载，美国的一份调查报告曾引用日本方面的报告："兰州是中国和俄国之间重要的枢纽，估计有接近100架飞机长期驻扎，还有许多执行空中作战任务的俄国人也在这里……切断这个'红色通道'是非常重要的事情。"

日本人口中的"红色通道"，指的是以兰州为节点，通向中国正面战场的航线。他们说的"红色"，指代的是苏联。而让这条通道染上红色的，还有中国飞行员的鲜血。

中国硕果仅存的战斗机飞行员，那时候基本都被集中到兰州去接收苏联飞机，掌握驾驶要领，以便尽快重返战场。苏联的志愿飞行员们，一部分留在兰州充当教官，一部分返回苏联开来更多的飞机，还有一部分则和中国飞行员一起，飞赴战场参战。

中国空军的王牌飞行员高志航，那时已经取得了个人击落5架敌机的战果。在兰州，他不用苏联飞行员和地勤人员讲解，就很快掌握伊16的各项性能，首次驾机单飞就敢飞出各种高级特技，令苏联飞行员大为赞叹。高志航还驾机独闯海拔3000多米的六盘山，开辟了兰州到西安的直飞航线。

1937年11月15日，高志航带领13架战机降落在河南周家口机场。这是他们飞行途中的最后一个中继站，此后他们将直飞南京参战。

那时，上海已经陷落，日军开始向南京进军。毫无空军防卫力量的中国首都，被日军的轰炸机肆意蹂躏着。

偏偏这时，一场不期而遇的雨雪，困住了他们的翅膀。连续6天，要么是周家口机场不具备起飞条件，要么是南京机场不具备降落条件，他们只能苦苦等待。

11月21日，空袭警报骤然响起。日军已经获得了大批苏联援华战机停留在周家口机场的情报，不惜从数千公里外的朝鲜调来精锐轰炸机编队，经停大连、北京长途奔袭河南周家口机场。

而周家口机场远没有足够的预警系统。空袭警报发出时，日本轰炸机已凭目力可见。

高志航没有选择隐蔽，反而准备强行起飞迎击。炸弹也在这时落了下来。刚刚进入机舱的高志航，还没来得及发动战机，就被一颗炸弹命中了。

中国最优秀的飞行员就此陨落。13架飞机仅剩3架幸免于难。

日军并没有就此收手，他们认定周家口机场是苏联援华飞机重要的中转机场，必欲彻底摧毁，第二天又派了9架轰炸机前来轰炸。

这一次，那剩下的3架伊16飞了起来，一架日本轰炸机被击落，其余的慌忙逃走。周家口机场远远超过了日本战斗机护航的距离，而没有护航的轰炸机，数量再多也只能是伊16面前的靶子。

“红色通道”终究没有中断。

12月1日上午，23架伊16编成的战斗机机群着陆南京机场。下午，20架轰炸机也降临南京机场。这些飞机的驾驶员全部是苏联飞行员，当天就投入了与日本飞机的作战。卡利亚金《沿着陌生的道路》中记载，当天苏联战斗机曾5次升空作战。

此时的南京，黑云压城，已成绝地。苏联飞机的到来，已经无力扭转败局。

在抗战史上，南京给世人留下的最深刻记忆是那场惨绝人寰的大屠杀，发生在南京上空的空战很少有人关注，留下的记载少之又少。

当时已经一架飞机都没有的陈纳德也在南京，他的回忆录里记录了其目睹的一场空战，场景描述非常专业："9架日本双翼战斗机飞临南京上空，5架苏联飞机和1架中国飞机拦截了它们……日本人一开火，苏联飞机就垂直俯冲脱离危险，日本人紧紧追赶着一直向下，苏联飞机突然来一个垂直翻滚，再次脱离，然后猛然对着日本飞机开火，结果两架飞机都因为耗尽弹药而离开。"

俯冲摆脱、垂直翻滚，正是伊16最典型的飞行动作。

南京的空战，是苏联志愿航空队来华首战，也许是投入战斗太过仓促，他们也没有详细的战报。至于战果，《沿着陌生的道路》记载很不确切，只说"击落了几架日本轰炸机"。不过，卡利亚金在这本书里写道，12月2日，苏联轰炸机从南京机场起飞，对停泊在上海的日本海军军舰进行了轰炸，炸沉1艘巡洋舰，炸伤6艘军舰。"这是中国空军以往连想也不敢想的胜利。"

12月9日，日军逼近南京，南京的几个机场都已经在炮火覆盖范围之内，苏联志愿航空队只能撤离。

12月13日，日军攻入南京，血腥屠城。

武汉上空的鹰

1938 年年初，随着大批苏联援华武器装备抵达中国，让抗日战争全面爆发以后遭受了巨大损失的中国军队得到了补充，特别是空军，实力甚至超过了战前。根据 1938 年 2 月的统计，中国各战场的空军已有 390 架作战飞机，其中主要是苏制飞机。

中国的飞行员数量本就不多，又被不对等的空战迅速地吞噬了一大批。而且，越是宝贵的优秀飞行员，越要执行更多的空战任务，损失极为惨烈。当时被称为中国空军“四大天王”的四位王牌飞行员：刘粹刚在 1937 年 10 月支援忻口战役时牺牲，高志航牺牲于同年 11 月准备赴南京参战时，乐以琴在高志航牺牲一个多月后牺牲于南京上空， 李桂丹则在 1938 年 2 月的武汉空战中牺牲。

培养一名合格的飞行员极耗时间和财力。苏联援华的飞机不断送来之后，中国的飞行员们又要学习新机型的驾驶。并不是每个人都能像高志航那样一上手就能掌握，但是留给他们的学习时间最多两三个月，就要与苏联志愿飞行员一起驾机执行任务。

中国空军的主力防空力量，实际上已经由苏联志愿航空队承担。而这支队伍从未正式公开亮明身份。留存到现在的抗战空战资料，已经无法区分苏联志愿航空队和中国空军彼此的战果。目前有据可查的资料中，苏联志愿航空队进行的较大规模的空战超过 50 次，实际情况可能远远不止于此。

最大规模的空战爆发在武汉上空。

武汉会战是抗日战争全面爆发以来战线最长、规模最大、持续时间最长的中日大决战。卡利亚金在《沿着陌生的道路》一书中，将武汉会战定义为“中日战争的转折点”，“正是在这里，日军不可战胜的神话和日军军事技术占绝对优势的神话都破灭了”。

卡利亚金是1938年5月底到达武汉的。第二天一早，空袭警报就响彻武汉，宾馆的服务员挨个屋子跑，通知客人到防空洞躲避。

出任中国空军顾问的苏联上校索尔正好来探望卡利亚金，他对空袭警报不以为意，反而向卡利亚金提议：“这是4月29日以后的第一次空袭，日本人已经有一个月没敢来了。虽然头儿禁止你们上屋顶，但我还是邀请你们上去看看。”他要请卡利亚金观赏苏联飞行员痛揍“日本武士”的“好戏”。

不但是信心满满的苏联空军上校索尔，中国的老百姓们也不想因为空袭警报而错过日本飞机被击落的“好戏”。著名战地摄影师罗伯特·卡帕当时正好在武汉，还拍摄了一张中国百姓在城市中仰望天空、气定神闲观看空战的照片。

这份大战之中的从容，源自4月29日一场战果辉煌的空战。

南京沦陷后，中国的空中力量大部分配置在华中地区的机场，武汉因为战略位置突出，集中了1/3的战机，超过100架。

日本人对武汉的轰炸从1937年9月就开始了。那时候中国的空军无力抵抗，日本轰炸机经常奔袭数百公里如入无人之境。进入1938年，苏联志愿航空队的到来，逆转了局势。日军在数次遭受了重大损失后，终于有所忌惮。

4月27日，中国情报部门侦知，日本海军木更津航空队飞抵芜湖机场。木更津航空队由日本天皇亲自命名授旗，是日本海军航空队王牌。他们忽然由中国台湾飞至中国大陆，显然要有大动作。两天后就是日本长天节，也就是裕仁天皇的生日。他们要在这一天以轰炸中国城市为礼庆祝长天节。

以芜湖为中心、日本轰炸机作战半径画圈，这个区域里最可能的轰炸目标就是武汉。其他来源的情报很快证实了这一点。

苏联志愿航空队和中国空军一起做好了迎击准备。为了吸引日本轰炸机，他们还导演了一幕好戏：28日，几十架战机先后起飞，故意低空飞过武汉，作出大规模调动的假象。当晚，这些飞机又悄悄地返回了各自的机场。

果然，29日下午，日本28架轰炸机在18架战斗机的护航下，气势汹汹地来到武汉上空，却一头扎进了伊15、伊16战斗机早已编织好的大网里。

伊15依靠突出的机动性，与日本护航战斗机缠斗，伊16则施展开速度优势，上蹿下冲，狼入羊群一样撕咬着日本轰炸机。

一架架日本飞机拉着长烟从空中坠下。最后双方战损比是36比5，创造了中日开战以来最大的空战战果。

在武汉保卫战中，中国空军和苏联志愿航空队相互配合，共击落日机62架，炸毁日机16架，炸沉日军舰艇23艘，有力支援了地面部队作战。

在武汉空战取得胜利的同时，地面战场上的中国军队也在顽强抵抗。由于中国军队各处顽强、持续的阻击，各路日军在付出惨重代价后，迟至10月底才完成由东、南、北对武汉的三面包围。中国军队从持久抗战的战略角度出发，未与敌决战，而是从武汉地区撤退，保存了有生力量。

“暴徒”式攻击

在中国上空忽然出现大量苏联飞机和飞行员，日本人是心知肚明的，还曾经有被击落的苏联志愿飞行员被日军俘虏。但一方面出于更高层面的外交战略考虑，另一方面忌惮于苏联庞大的军事实力，日本没有对苏联公开发难。

在日本航空兵的口中，苏联志愿飞行员被称为“暴徒”，后来美国“飞虎队”的飞行员也有个类似的外号，叫“美国亡命徒”。可见他们算是吃尽了这些国际援华志愿飞行员的苦头。

而对苏联志愿飞行员来说，“暴徒”之称是来自日本飞行员的一种赞扬。苏联志愿飞行员技术超群，作风强悍大胆，对战术死板、动作标准的日本飞行员来说，的确有不按常理出牌的“暴徒”之风。

苏联志愿航空队在中国的空战，至少开创了两个空战史纪录。

一个是撞击式作战。顾名思义，撞击式作战就是用自己的飞机去撞毁敌方的飞机。看上去颇有些同归于尽的架势，和二战后期日本航空兵的“神风敢死队”的做法类似。其实，这两者根本不可同日而语。

日本的“神风敢死队”是自杀式袭击，起飞后就没有归程，而苏联志愿飞行员的撞击式作战则是艺高人胆大，撞毁敌人，自己还能安然返回机场。当然，这一方面凭借高超的技术和非凡的勇气，另一方面也有赖于苏联飞机的“皮糙肉厚”。

第一个采用撞击式作战成功的是苏联志愿飞行员古宾科。他后来在苏联卫国战争中成为国家英雄，接受苏联媒体采访时曾回忆了在中国的往事。

一次发生在武汉的空战快要结束的时候，古宾科发现了一架日军九六式战斗机，马上驾着伊 16 追了过去。绕到敌人身后时，古宾科扣动了扳机，机枪却没有响——他的子弹已经打光了。但是古宾科并没有打算放掉这个敌人，而是准备生擒他。

日本飞机加大了油门想跑，无奈速度没有伊 16 快，古宾科很快追上，与其比肩飞行。日本飞行员显然吓坏了，古宾科打着手势威胁他，让他朝武汉机场降落，他顺从地点头答应，并且驾机转向。

没想到，刚准备降落，日本飞机忽然加速大角度拐弯，企图逃跑。这一下把古宾科惹急了，当即利用伊 16 的速度优势，居高临下向日本飞机撞了过去。

古宾科说，他当时是想撞坏敌机的尾翼，结果稍稍偏了一点，伊 16 的螺旋桨打在了日本飞机的机翼上，直接把它的右翼切掉了。古宾科感觉自己的飞机抖了一下，日本飞机就翻着跟头掉下去了。

伊 16 的螺旋桨也变了形，但还是载着古宾科安然落地。

有此先例，不少飞行员都开始利用苏联战机比日本战机“更耐撞”的优势，在子弹打光的情况下主动撞击敌机。中国飞行员很快也有样学样起来。

不过，在高速飞行的碰撞中，“更耐撞”的一方也不一定能够次次占有优势。中国飞行员陈瑞钿就曾驾机撞击日本飞机，敌机被撞毁了，他的飞机也失去了一个机翼，只能跳伞。同样采用了这种大无畏举动的还有中国飞行员陈怀民，选择驾机与敌机同归于尽，壮烈牺牲。

苏联志愿航空队创造的另一个空战史纪录是当时的最远距离轰炸。

中国台湾在甲午战争后被日本割占，在侵华战争中，又被日军作为侵华跳板和后方基地。日本的轰炸机精锐多数驻扎在台北、台南、新竹等地机场，随时准备跨海支援大陆日军。

1938 年 2 月 23 日是苏联红军节，苏联志愿航空队指挥雷恰戈夫准备以摧毁日本在台北的空军基地作为红军建军 20 周年的献礼。为了提高奇袭的成功率，中苏双方严格保密。雷恰戈夫直到轰炸前一天才单独召见驻守汉口的第二批苏联志愿航空队轰炸机中队长波雷宁上尉：“明天，你的中队有任务，目标台北。”

汉口距台北直线距离近 1000 公里，波雷宁中队装备的快速轰炸机作战航程仅 1200 公里。从汉口起飞轰炸中国台湾，意味着战机投弹后须立即返航，任何差错都可能导致行动失败。松山机场选址于山谷中间，地形隐蔽，防卫森严。要轰炸这样一个重点防护的目标，没有战斗机护航，轰炸机编队很难全身而退。但为了增加远程奔袭的隐蔽性和突然性，最终决定放弃战斗机护航。

23 日清晨，28 架满载炸弹的轰炸机依次升空，爬升到 5000 米以上高空直飞中国台湾。这个高度飞机耗油量少，但机组人员必须长时间忍耐低温和缺氧的折磨。

两个小时后，飞机越过台湾海峡。日军做梦也没想到中国能够有力量对中国台湾实施轰炸，松山机场甚至没有搞任何伪装，刚刚组装好的飞机整齐地排列在跑道一侧，而在跑道的另一侧则是巨大的油库、机房……当天浓密的云层又遮住了日本防空观察哨的视线，等他们看到空中的轰炸机时，280 枚航空炸弹从天而降，机场的停机坪、跑道腾起一股股浓烟，爆炸声惊天动地。

扔完炸弹，意犹未尽的波雷宁又下令机组低空通场，用航空速射机枪扫射目标，然后从容返航。在福州加油后，轰炸机群顺利返回汉口机场。

是役炸毁日机 40 余架，破坏未及组装的战机不计其数，机场油料仓库储备的够机场使用 3 年的航空燃油被焚一空。

碧血染蓝天

1941 年 6 月 22 日，法西斯德国发动闪击战，兵分三路突袭苏联。苏联志愿航空队的飞行员们被召回祖国，参加卫国战争。他们把自己的战机留给了中国，还有 200 多名苏联飞行员把生命永远留在了中国。

从 1937 年到 1941 年，苏联志愿航空队采取轮换形式，4 年间总共派遣了 3665 人参加中国抗战，其中包括 1091 名飞行员，还有机械师、工程师等各类航空辅助人员2000余人。此外，苏联志愿航空队还帮助中国建立了航空供应站和飞机修配厂，并在迪化、兰州等地设立航空学校和训练基地，为中国培训了近1万名相关技术人员。

从南京到武汉、重庆、兰州、柳州……中国众多的城市上空，都留下了苏联飞行员与日军搏杀的英姿。在多次空战、轰炸中，苏联志愿航空队击落、击伤日本战机986架，沉重打击了侵略者的气焰，为中国抗日战争胜利作出了巨大贡献。

当然，他们为之付出的是鲜血和生命。

苏联志愿航空队有200多人在战斗、训练和各类事故中牺牲，其中包括轰炸机大队长库里申科和战斗机大队长拉赫曼诺夫。

库里申科在1937年就第一批来到中国。他带领的飞行大队是重型轰炸机大队。重型轰炸机载弹量大，多用于战略轰炸任务，但在日本疯狂进攻中国且中国未掌握制空权时，这种速度慢的重型轰炸机既无多少用武之地，又面临更多危险。

很长一段时间，重型轰炸机被当作运输机使用，他们往返在苏联和中国之间，把大量的武器弹药乃至拆解成零件的战斗机运到兰州。库里申科则长期担任飞行教官，为中国培训了大批轰炸机驾驶员。

1939年，抗日战争进入相持阶段后，库里申科带领他的轰炸机大队进驻成都，开始执行对日本占领区的轰炸任务。

1939年8月14日，库里申科率领重型轰炸机大队，首次空袭已经被日本占领的武汉，他们将重磅炸弹暴雨般倾泻在汉口日军机场上，将机场化为一片火海，当准备返回时，突然遇到日军机群。

库里申科的飞机被日机击中发动机，他凭借高超的技术，用仅剩的一台发动机飞回四川上空。

受伤的飞机摇摇欲坠，只能在长江江面迫降，机组其他人员均获救，唯有大队长库里申科最后一个脱离飞机时被江流卷走，牺牲时年仅 36 岁。

苏联志愿航空队撤走后，陈纳德率领的美国志愿航空队成立，也就是人们熟知的“飞虎队”，在此后的抗日战争中享有盛名。长期以来，国际援华航空英雄的光环聚焦于“飞虎队”，而苏联志愿航空队的事迹却少有人知。

所谓时势造英雄，时势也会“隐藏”英雄。苏联志愿航空队和“飞虎队”就是处在不同的时势之中。

不可否认，“飞虎队”有美国援华的成分，但这支队伍是由中国政府出资在美国高薪招募 110 名飞行员和 150 名机械师组成，装备的是中国从美国购买的 100 架 P-40 战斗机。国民政府从其成立之初就寄予厚望，并广为传扬。

在“飞虎队”成立半年后，日本偷袭珍珠港，美国正式对日宣战。“飞虎队”更成了中美同盟的一个标志物，其对日的战史、战果在两国都备受宣扬。

而苏联志愿航空队则是一支秘而不宣的援华力量，中国、苏联、日本彼此心知肚明，保持了默契的沉默。即便是在以他们为主力取得对日空战的巨大胜利之时，公开的报道也以“中国空军”的名义出现。

但是，中国人民没有忘记这支英雄的航空队。在南京、武汉、重庆等苏联志愿航空队战斗过的地方，都建有专门的陵园和纪念馆。

在库里申科牺牲的万县，一对母子自发地为其守陵半个多世纪。这对母子就是重庆万州区的老人谭忠惠和她的儿子魏映祥。

抗日战争期间，谭忠惠的家距离库里申科飞机坠落的江面只有两公里，她的父亲经常和她说起库里申科的英雄事迹，并教导她：一个外国人，为中国人的和平而牺牲，我们要永远记住这份恩情。

1958 年，库里申科陵园迁至重庆西山公园。在西山公园亭园组工作的谭忠惠听到这个消息，主动请缨承担为库里申科守陵的工作。这一守，就是 19 年。1977 年谭忠惠退休后，儿子魏映祥从母亲手中接过了守陵任务，继续守护在这里。

也正是在 1958 年，新中国政府辗转寻找到了库里申科的遗孀和女儿，把她们请到了中国。她们参加了 1958 年的国庆招待会，周恩来总理握住库里申科妻子和女儿的手说："中国人民永远不会忘记格里戈里·库里申科。"

2009 年，在南京紫金山北麓，抗日航空烈士纪念馆落成，这是世界首座国际抗日航空烈士纪念馆，讲述着中、美、苏等国空军在中国蓝天联合抗击侵华日军的英勇战史。

本文来源：2014 年 12 月 30 日《北京日报》17 版、20 版

浴血滇缅路

南侨机工回国抗战纪事

黄加佳

1939 年，抗战进入最黑暗的时刻，中国所有的国际通道几乎都被日军封锁，只有僻处大西南的滇缅公路仍然畅通，几乎所有的援华物资和军火都依赖这条“抗战生命线”输送。然而，面对繁重的运输任务，中国却缺乏足够的司机和汽修人员。

此时，3000 多名东南亚各国华人子弟响应爱国侨领陈嘉庚的号召，毅然放弃南洋舒适的生活环境，辞别亲人，踏上回国抗战之路。他们组成的“南洋华侨机工回国服务团”，弥补了滇缅交通大动脉上司机和汽修人员的紧缺。

他们被称为“南侨机工”，他们为中华民族抗战作出的巨大牺牲，值得每一个中华儿女铭记。

抗战生命线

1938 年秋，南洋著名侨领陈嘉庚收到位于昆明的西南运输处主任宋子良的来电。宋子良希望陈嘉庚在南洋招募华侨机工回国效力，参与到抢运战略物资的队伍中来。

1937 年 7 月 7 日，日军悍然发动卢沟桥事变，抗日战争全面爆发。

就在日本陆军肆虐中国大地的同时，日本海军也蠢蠢欲动。早在全面侵华开始之前，日军就已经制定了利用海上优势封锁中国、断绝中国与外部联络的战略。1938 年 9 月 5 日，也就是武汉会战期间，日本发表“遮断航行”的宣言，日本海军宣布要封锁中国全部海岸线。

此前，中国沿海港口已经损失大半。1938 年 1 月起，青岛、崇明岛、厦门、连云港相继失守。武汉会战期间，为了切断中国的香港—广州—武汉这条补给线，日军将矛头对准了广州。

1938 年 10 月，日军占领广州；4 个月后，海口失守。至此，中国东南沿海的重要港口全都落入了日军的控制中，中国最重要的军事武器运输补给线完全中断。

东南沿海补给线被切断，对中国战局十分不利。当时，抗日已经进入相持阶段。若想坚持抗战，除了要依靠中国军人英勇作战，及时补充物资和武器至为重要。

广州沦陷前，经粤汉铁路运送的部队达 200 万人，军用品 54 万多吨。日军占领广州后，这条交通线完全断绝，开辟陆路国际运输通道是唯一出路。

国民政府的陆上运输通道原本有 3 条。西北方向，经兰州至新疆迪化进入苏联；西南方向，经广西南宁到越南，或经云南昆明到缅甸腊戍，再到缅甸仰光。

西北线由于路途太远，且沿途地形复杂、补给困难，始终没有发挥太大作用。而西南线相对条件较好，因此英美等国全部依靠西南运输线向中国输送战略物资。为此，国民党当局特意成立了西南运输处。

摆在西南运输处面前最大的问题是缺车和缺少会开车的人。据统计，1936 年中国货车数量最多的广州，仅有 800 多辆，其他省份更是少得可怜。车少，会开车的司机更少。即便是马上着手培训，要想在路况极差的滇缅公路上熟练驾驶大货车，没有半年也出不了师。

1938 年年底，滞留在中缅边境遮放、芒市等地的货物已逾 6000 吨。为了解决缺乏司机和汽修人员的问题，西南运输处找到了陈嘉庚。

陈嘉庚是福建同安（今厦门）人，1890 年下南洋闯世界。到 1925 年，他已经成为华侨中当之无愧的“橡胶大王”，业务遍及五大洲，资产达 1200 万元新币。陈嘉庚不但富有经营头脑，而且极热心慈善事业，著名的厦门大学就是他一手创办起来的。

南洋华侨原本帮派林立，彼此之间也有矛盾，只有陈嘉庚称得上是南洋 800 万侨胞唯一公认的领袖。陈嘉庚收到宋子良的求助电报后，立即行动起来。

1938 年 10 月 10 日，来自马来亚、新加坡、菲律宾、印尼等地的 168 名华侨代表，在新加坡成立了“南洋华侨筹赈祖国难民总会”（以下简称“南侨总会”）。陈嘉庚被推举为南侨总会主席。

南侨总会的主要工作便是招募南洋各地汽车司机和汽车修理工，回国参加抢运作战物资的工作。

“华侨统统有”

1939 年 2 月，南洋各大报纸刊登了南侨总会招募华侨机工的《南洋华侨筹赈祖国难民总会通告（第六号）》（以下简称《通告》）。从《通告》内容看，招募条件还是很严格的。第一，要求机工熟悉驾驶技术，并持有当地政府发的驾驶执照。第二，招募机工要求是 20 至 40 岁之间的年轻人，并要通晓中国语言文字，无不良嗜好。第三，凡应征者，必须有当地人或者商店介绍，“知其确有爱国志愿方可”。

云南师范大学华文学院的夏玉清介绍，当时南洋情况非常复杂，日本人和汪精卫的人都在拉拢华侨，因此政治上可靠非常重要。

《通告》发出后在南洋华侨中掀起了一股回国抗日、报效祖国的热潮。

20 世纪 80 年代，南侨机工蔡汉良经人介绍找到在华侨大学教书的林少川。当蔡汉良表示自己是应陈嘉庚号召回国抗战的南侨机工中的一员时，林少川有些吃惊。林少川说，他虽然教的是华侨史课，但是从未接触过南侨机工，对这段历史也所知甚少。

蔡汉良成为林少川接触的第一名南侨机工。后来，在陈嘉庚侄子陈共存先生的支持下，林少川跑遍了西南几省，访问了许多南侨机工，留下了一批珍贵的口述历史资料。

1939 年 8 月，泰国华侨蔡汉良看到招募机工的《通告》，觉得自己既会驾驶，又会修车，而且内心充满了报国热情，符合《通告》中的一切条件。因为怕家人反对，蔡汉良赶到几百里外的董里什呈筹赈会报名。没想到，他中途撞见叔父的好朋友王联辉。为了挽留蔡汉良，王联辉甚至要将自己的女儿许配给他，并要将自己名下的 16 辆车送给蔡汉良，让他开一间客运公司，可这一切都无法阻挡蔡汉良报名回国的决心。他谢绝了王联辉的好意，毅然踏上回国之路。

刚刚结婚不久的刘瑞齐报名后，与同伴们一起剃了个光头。当妻子看到他的大光头时敏感地问："莫非你也想回国？"为了第二天能够顺利启程，刘瑞齐向妻子撒了谎，说剃光头只是为了方便敷药。当天夜里，刘瑞齐给妻子留下一封书信，悄悄上路。谁知道，这一别竟成永诀，他离开不久后，妻子便忧郁成疾，撒手人寰了。

林少川说，在南侨机工群体中，像蔡汉良、刘瑞齐这样，瞒着家人不辞而别的例子比比皆是。最令人惊讶的是，还有四名女性女扮男装参加到南侨机工的队伍中。其中一名叫白雪娇的女教师，在辞别父母的信中写道：

走之前，我是难过极了，在每分钟内，我的心里起着数次矛盾冲突。家是我所恋的，双亲弟妹是我所爱的，但是破碎的祖国，更是我所怀念热爱的。所以虽然几次的犹豫、踌躇，到底我还是怀着悲伤的情绪，含着心酸的眼泪踏上征途了……虽然在救国建国的大事业中，我的力量简直够不上沧海一粟，可是集天下的水滴而汇成大洋。我希望我能在救亡的汪洋中，竭我一滴之微力。

后来，这封家书被刊登在马来亚（今马来西亚）《光华日报》上，鼓舞了许多爱国华侨。

1939 年 2 月 18 日下午 3 点，第一批南侨机工服务团 80 人从新加坡乘船出发，返回祖国。临行那天，新加坡码头上人山人海，街道上横幅招展。送行的人们将帽子掷向空中，场面热闹非凡。由于送行的人太多，码头上的木桥都被挤塌了。

据统计，1939 年 2 月至 10 月间，共有 3192 名南侨机工分 9 批回到祖国，奔赴抗战前线。

当时，在南侨机工中流行着一句口号“华侨统统有”，意思是为了抵御日寇侵略，华侨都走到一起来。后来，只要一说起这句口号，他们就知道彼此是南侨机工。

颠簸滇缅路

经过两个月训练，南侨机工终于要上路了，摆在他们面前的是一条无比艰险的道路——滇缅公路。

滇缅公路东起云南昆明，经畹町，直通缅甸境内的腊戍公路线，全长 1146 公里。

七七事变之前，云南省政府主席龙云就曾预言，一旦中日之战全面爆发，日军必然会断绝我国东南港口。那时候联通外部、输送物资的唯一出口只有滇缅一线，因此应该赶紧着手修建滇缅公路。

1937 年 11 月，战火已烧到华东，国民政府连忙委托云南省政府修筑滇缅公路。滇缅公路穿越横断山脉、怒山、高黎贡山三座大山，跨过怒江、澜沧江、漾濞江三条大河，山高水急，坡陡路弯，修建难度之大前所未有。

在机械化程度极低的 20 世纪 30 年代末，云南彝、白、傣、苗、汉等 10 个民族的 15 万民工，愣是肩挑手扛，用最原始的方式在短短 8 个月内，将滇缅公路修建完成。当年英国《泰晤士报》连续三天报道了滇缅公路修通的情况，并称："只有中国人才能在这样短的时间内做到。"

滇缅公路通车时非常简陋，路面基本上用碎石铺就，时常发生塌方。

后来，滇缅公路管理局局长谭伯英在《血路》一书中写道：

> 惠通桥两岸崇山峻岭，盘旋曲折，令人望而生畏，狭窄难行，道路弯多陡峭，雨季时路滑难行，随时有翻车的危险。路基松软，有些路段狭窄，特别是雨季道路难行，"一雨便成冬"。滇缅路频繁塌方，给汽车行驶运输带来巨大的困难。

谭伯英甚至直言不讳地说，滇缅公路根本算不上是一条公路，充其量只能算马路，而事实上连骡马也不愿意走。

南侨机工被分为 17 个大队，他们驾驶着 3000 多辆大卡车，日夜兼程地行驶在这条连骡马也不愿意走的路上。车队装上货物从缅甸腊戌出发，开往终点云南昆明，全程一般要走 6 天以上。司机们白天开车，晚上在驾驶室里睡觉。由于他们开的大多是道奇汽车，所以许多机工幽默地称之为“道奇旅馆”。

在滇缅公路上行驶困难重重。

20 世纪 80 年代，南侨机工李荣竹向林少川回忆，滇缅公路穿行于崇山峻岭之间，山势迂回重叠。车队盘旋上山，一侧是悬崖峭壁，另一侧是深谷大川。沿途坡陡弯急，惊心动魄，车毁人亡的惨剧随时都会发生。为了避免翻车，机工们想了许多办法。如果上下陡坡又遇到急转弯的窄路，他们就在急转弯的地方铺一块木板，前轮开过之后，后面靠外的轮子正好可以从木板上轧过，这样就可以避免后轮悬空而翻入山谷了。

即便想尽办法，滇缅公路上的翻车事故还是层出不穷。据夏玉清统计，仅 1939 年 4 月至 11 月间，因车辆故障、山路崎岖、雨天路滑发生的翻车事故就达 24 起。华侨机工殉职情况表上，事故原因一栏经常会出现“覆车”两字。

1940 年夏，南侨机工林树容接到一项特殊的任务——将一位牺牲机工的遗体运回队部，此人正是与林树容同一批回国服务的新加坡机工吴世光。

傍晚时分，他来到吴世光翻车的事故现场。吴世光的遗体已经被人从山谷中吊上来停放在路旁。只有 21 岁的林树容，在南洋从没接触过死人，现在让他独自一个人去运尸体，他心里未免有点胆怯。可是，当他看到吴世光的遗体，想起平时的情谊，一下子忘记了害怕。他用毛毯把吴世光的遗体包裹好，放进卡车。偏巧路上车子又抛锚了。三更半夜，林树容一个人被困在车中，一侧是悬崖绝壁，另一侧是万丈深渊，他害怕极了。他暗自祷告战友的英灵为自己壮胆。

20 世纪 80 年代，独自寻访健在南侨机工的林少川，经常要一个人穿梭于西南边陲小城。每当他害怕时，他都会想到林树容一个人向战友英灵祷告的场景。他说："这样一想真的可以壮胆哦。"

在滇缅路上，南侨机工不仅要面对车祸的危险，还要面对另一个无形杀手——疟疾。云南山区自古就流行着一句俗语："要过瘴疟坝，先把老婆嫁。"在当时缺医少药的情况下，如果得了疟疾几乎可以说是九死一生。

机工许志光曾这样回忆，他被"疟疾蚊"咬叮患上"打摆子"，发冷时即便盖上重被、裹着毛毯也无济于事。幸亏机工战友献出印尼筹赈会送来的"金鸡纳霜"，才转危为安。

据统计，仅 1940 年在腊戌医院就医的南侨机工就达百人以上。南侨总会特派员刘牡丹在报告中写道："机工、司机，患恶性疟疾者比比皆是，在是处服务之华侨机工皆现面色清瘦，鸠形鹄脸，体格健康损失过半。"

有人说，1939 年至 1942 年，南侨机工共抢运了 50 万吨军需物资。研究过相关档案的夏玉清说，档案中并没有确切记录过南侨机工抢运物资的数量，也许比这个数字还要大。

1940 年，日本在研究中国军力变化的数据后发现，经过几年的战争，中国军力反而比 1938 年增强了，其中步枪增加到 150 万支，轻机枪 6 万多挺，其他火炮 2650 门。这显然与滇缅路上日夜奔驰的南侨机工密不可分。

1940 年日军占领越南后，专门成立“滇缅公路切断委员会”，企图扼断这条国际援华通道。从 1940 年 10 月起，在不到 6 个月的时间里，日军共出动战机 400 多架次，对滇缅公路狂轰滥炸。南侨机工们处在了战火的最前线。

白天遇到敌机轰炸，机工们利用地形将货车隐藏起来，夜里再关着灯摸黑行驶。

1941 年 1 月，日军轰炸机炸断了滇缅公路上重要的交通要冲——功果桥。为此，东京电台得意地宣称：“滇缅公路已断，三个月内无通车希望。”

当时，运载物资从保山返回下关的王亚六刚好目睹了功果桥被炸的过程。功果桥的铁索桥和吊板被炸成两截，桥两边好几百辆车无法通行，堵得水泄不通。为了尽快抢通功果桥，机工们纷纷出谋划策。他们根据浮力原理，将几百只空汽油桶用铁链连起来，然后铺上木板。经过 10 个小时的奋战，一座长达 300 米的临时浮桥架设完成。功果桥被炸断 10 个小时后，滞留在桥两岸的大货车从临时浮桥上安然驶过。

惨烈一幕

1941年12月7日，日军偷袭美国在太平洋上的海军基地珍珠港，太平洋战争全面爆发。此后的半年，国际战局急转直下。1941年12月25日，日军占领香港；1942年1月31日，日军占领马来亚全境；2月15日，新加坡守军投降；3月9日，日军占领印尼群岛；4月29日，日军占领滇缅公路的起点缅北重镇腊戌；5月3日，日军侵入云南境内的畹町；5月5日，日军向滇缅公路的咽喉惠通桥袭来。

为了阻止日军前进的脚步，中国军队唯一的方法只有炸掉惠通桥，切断滇缅公路。随车队从畹町撤往昆明的郑天赐和同伴见证了这惨烈的一幕。

5月5日上午，郑天赐一行从腊勐盘旋下山，临近惠通桥时，要炸桥阻敌的消息已经传开了。大家争相超车，有时几辆车挤在一起，进退两难。惠通桥上人拥车挤，走走停停。

9点钟，听说日军攻占了腊勐，要过桥的人流和车辆更是疯狂地往前挤。此时，一辆大车被日军炮弹击中，在路中间燃烧起来，通往惠通桥的公路更加拥堵了。郑天赐的车子在惠通桥以西几百米的地方停下，寸步难行。他看到桥头有两名中国士兵正一边往桥板上摆炸弹，一边调试手摇发电机接线，准备随时引爆。一名守桥士兵手持小旗，催促过桥的人们赶紧往桥对岸跑。

就在难民们疯狂地往桥上狂奔时，混在人流和车流中的日军便衣向人群开枪。终于到了生死时刻，虽然中国军队想让尽量多的难民通过惠通桥，但是面对汹汹而来的日军，他们只得选择炸桥。

“轰隆”一声巨响，整座惠通桥坠入江中，桥上的汽车、难民全都掉入滚滚奔流的怒江之中。那一天，有多少人葬身怒江没人知道。

尚未来得及上桥的郑天赐和同伴目睹了这幕惨剧，他们顾不上悲痛，连忙离开驾驶室躲进了山林。

天黑以后，郑天赐和同伴趁夜色溜到自己的卡车旁边。他们撬下汽车轮胎，三人合抱着一只“救生圈”跳入怒江。怒江水流湍急，水下还有无数激流漩涡。三个机工在江中漂了近一个小时才上岸。

像郑天赐这样逃出虎口的毕竟是少数，更多没来得及过桥的南侨机工与无数中缅难民惨死在日军的屠刀下。

复员

1945 年 8 月 10 日深夜，日本政府发出《请降照会》的电讯传到昆明。昆明各大报纸连夜用特大字号印发“号外”，在街头免费散发。市民们争相传阅，奔走相告，胜利的消息瞬间传遍全城。

奋战在抗战第一线的南侨机工们喜上眉梢，他们终于可以回到阔别 6 年的南洋，与父母妻子团聚了。然而，机工们很快发现，现实并不像他们想象的那么简单。

经过南侨总会和华侨互助会的努力，直到 1946 年秋，拖延了一年多的机工复员问题，终于见到了曙光。国民政府侨务委员会发出通告，根据机工登记名册，行政院核准发给每位机工 200 美元奖金和一张奖状。

直到20世纪80年代，蔡汉良仍然珍藏着这张奖状。奖状上写着：

华侨机工蔡汉良，热心爱国，敌忾同仇，抗战军兴，应募服务，前后七载，备至勤劳，应予嘉奖，此状。

这不但是他身份的证明，也是祖国对他抛家舍业、投身抗战的认可。

1946 年 10 月 28 日，第一批 421 名机工终于登上了从昆明西站开往广州的列车。昆明各界民众对南侨机工深怀感激，在昆明西站举行了盛大的欢送大会。前来送行的人们挤满了车站，大会向每一位荣归的南侨机工赠送了一枚“南侨机工复员纪念章”。

荣归的机工们从广州转道香港，再前往南洋各地。11 月 24 日，悬挂“中华民族之光”“国之干城”“胜利荣归”等横幅和彩旗的丰庆轮缓缓驶出香港码头。

当年，3000 多名南侨机工分 9 批回到祖国，加入到抗日战争的洪流当中，而返回南洋的只有 1/3。除了 1000 多名机工牺牲外，还有 1000 多人因为各种原因留在了祖国。

第三批复员的蔡汉良本打算返回南洋，刚到香港就接到母亲病危的急电，于是从香港转道厦门回到了福建南安老家，并从此定居国内。

已经娶妻生子的翁家贵，本已经买好船票，打算带着妻儿回马来亚。可是临走前一天，他的妻子罗春芳却说：“我父母、弟弟都在云南，我不走了，你一个人走吧。”翁家贵只好退掉船票，跟妻子回了云南保山老家。

滇缅公路断绝后，被盟军招募到印度运送援华物资的黄铁魂，战后当了海员。他走过世界许多地方，漂泊许久后才回到马来亚和丰……

几乎所有南侨机工的人生都被回国抗战的经历改变了。因为当初的选择，他们有的与父母、妻子从此永诀；有的放弃遗产，一生潦倒；有的背负政治污名，在“文化大革命”中饱受摧残，但是没有一个南侨机工表示后悔。

在中华民族最危险的时刻，他们与祖国站在一起。历史永远不会忘记他们的名字——南侨机工。

本文来源：2018 年 6 月 12 日《北京日报》13 版、16 版

终章 历史坐标的定格

芷江镌丰碑

中国战区洽降的曲折始末

张小英

1945 年 9 月 9 日，中国战区日军投降签字仪式在南京举行。中国战区日本投降代表、中国派遣军总司令官冈村宁次在投降书上签字。侵华日军 128 万余人向中国投降。

这场签字仪式，只有短短不到 20 分钟。而关于日本的投降书，以及中国战区受降的各项具体事宜，在十几天前就于湖南芷江完成。

1945 年 8 月 15 日，日本宣布无条件投降。8 月 21 日，日本降使今井武夫垂头丧气地赴湖南芷江乞降，交出了侵华日军兵力部署图，接受了载有命令日军投降详细规定的“中字第一号备忘录”。

芷江受降，雪洗了百年民族耻辱，近代中国首次以战胜国姿态受降。芷江，这座湘西边陲小城，也由此成为中国战区第一个受降地，在中国抗日战争史上写下光辉一页。

芷江机场

芷江，湘西群山深处的一座小城，地处云贵高原东缘和雪峰山脉西脉之间。

1934 年，军事家蒋百里曾预言中国的抗日战争必须是持久战，他在御日国防建设中极力主张“中日全面战争爆发后，中国战时大本营宜设在湘西芷江、洪江一带，这地区有森林、矿产，又有沅江流贯其间，是天然的防守地带”。

同年，蒋介石电谕时任湖南省政府主席何键：“为将来绥靖川湘黔三省边境计，令在芷江修建飞机场。”但由于当时技术力量薄弱，机场的勘察工作一度搁置。直到 1936 年 10 月，芷江县政府抽调 2000 余名民工，在县城东门外约 1 公里处，以原教场为基础，建成一个 800 米见方的飞机场。

1937 年 7 月 7 日，卢沟桥事变爆发，烽火四起，抗日战争全面爆发。芷江作为通往西南诸省的必经之地，捍卫大西南后方的军事地位尤显重要。

时任中国航空委员会顾问的陈纳德建议蒋介石，在湘西芷江设防，加速扩修军用机场。于是，蒋介石紧急电令湖南省政府：“将芷江机场由现在的 800 米见方，扩修为 1200 米见方的大型军用机场。”

战事趋紧，时间紧迫。而芷江机场的扩修，工程浩大，包括修建跑道、停机坪、排水道及隐蔽弹药库等。在没有机械设备的情况下，当时一切工作全靠人背肩扛，难度可想而知！

为争取早日建成机场，湖南省政府只好采用人海战术。麻阳、晃县、靖县等芷江周边 11 个县，近两万名精干劳力相继汇集芷江，迅速投入到机场建设中。

压路机是修机场最重要的设备，但在当时，中国没有这样的器械，劳工们因陋就简，用 5 吨多重的大石碾取而代之。指挥人员挥着小红旗，一声哨下，数百名劳工齐力拉着巨碾，来来回回反复碾轧。飞机的跑道，都是靠人拉着石碾轧出来的。

男人们挥舞铁镐劈开山石，妇女儿童再用铁锤将其一锤锤敲碎后运到机场。脚步声、吆喝声、铁锤与顽石的碰撞声，日夜不停地在芷江上空回响。不到 10 个月的时间，芷江机场扩修工程，终于在 1938 年 10 月底前竣工。

亲自设计并指导芷江机场建设的陈纳德，对此颇为感动。他在回忆录中称："中国人用蚂蚁啃骨头的精神，平山整地，开出了一个有 5000 英尺跑道的机场，以安置那些还在洛杉矶巴夫洛工厂制造的飞机。"陈纳德感慨："我们在华的百余个机场，都是千千万万中国男人、女人和小孩流着血汗，辛苦地徒手筑成的。"

然而，对任劳任怨的中国人来说，内心只有一个期许：机场建成后，能扭转战局，早日取得抗日战争的胜利。

湘西会战伏笔

1940 年至 1945 年，芷江机场又多次进行加固扩修，成为第二次世界大战中"盟军第二大军用机场"。1944 年年初，大批中美空军进驻芷江机场。中美空军的鲨鱼式、野马式战斗机等，先后汇聚于此，最多时达三四百架。

美国“飞虎队”的陈纳德将军，将驻芷空军的作战区域划定为“以华中特别是黄河以南、平汉铁路以西地区”，旨在夺取华中地区制空权、空战歼敌。此外，驻芷空军还担负对日军粤汉、湘桂等铁路、公路运输线及长江、湘江、洞庭湖等水路运输线的轰炸和封锁任务，以切断日军后方补给、阻滞其南下西进，支援中国地面部队作战。

从那时起，战斗机、轰炸机频频从芷江机场起飞，不断轰炸日军在华的军营、机场、码头及后勤运输线等，使日本交通运输陷入瘫痪状态。

芷江机场成了日军的心腹大患。为了挽回颓势，日军也对其狂轰滥炸。曾在航空第二修理厂当民工的杨序成，在《抢修机场跑道》中回忆：“日本飞机轰炸芷江机场，炸弹多半扔在跑道上，投下一枚炸弹就是一个大坑。敌机飞走后，我们就拼命挑土填坑，填好坑，夯紧，很快就能让飞机在跑道上行驶。”

彼时，日军在太平洋战场上节节失利，从日本本土到东南亚的海上交通线也被切断。由马来亚、泰国、越南经过中国至朝鲜釜山的大陆交通线，成为日军坚持东亚大陆作战的唯一生命线。但由于中国军队还控制着中国的河南、江西、湖南、广西等地，这条大陆交通线并没有贯通。

日军已如强弩之末。为打通大陆交通线，覆灭中国空军基地，1944 年 4 月，日本下达“一号作战命令”，调集 50 万兵力，发动豫湘桂战役。激战之下，长沙、衡阳相继被日寇占领，柳州、桂林先后失守。

中美空军在华中、华南的几处重要机场均遭日军破坏，芷江机场成为美国战略空军在华的唯一的前方机场。对日军来说，摧毁芷江机场，已势在必行。

1945 年 1 月 29 日，日本决定发动湘西会战，摧毁中美空军的战略基地，并一举占领湘西，威逼重庆。日军第 20 军团司令官坂西一郎，从湘东、湘南及桂北共调集约 8 万兵力，分北、中、南三路，向湘西进军。

芷江危在旦夕。蒋介石在重庆召开紧急军事会议，任命中国陆军总司令何应钦为总指挥，下令死守芷江机场。何应钦深知，这一役事关全局。

何应钦指挥第四方面军王耀武部、第三方面军汤恩伯等部参战。为确保万无一失，廖耀湘的新编“王牌”第六军作为总预备队，连同轻型坦克、无后坐力炮，被 C-46 型运输机从昆明运到芷江。这种大规模的立体军力补充方式，在当时尚属首次。

4 月 9 日，湘西会战拉开序幕。中国军队集结 20 多个师，总兵力近 20 万人，利用南北横亘、蜿蜒 700 多里的“雪峰天险”，节节抗击，诱敌深入，聚而歼之，展开“芷江保卫战”。

驻芷空军的飞机则倾力出击，对湘西雪峰山战役区日军阵地，进行连续地毯式轰炸。据统计，会战中，中美空军共出动战机 2500 余架次，投弹 100 多万磅，发射机枪弹 80 多万发，重创日军，迫使其溃退。激战两个月后，日军以彻底溃败而告终。中国军队凭借正确的战略战术与军力装备的优势，奋勇杀敌，共击毙日军 12498 人，伤 23307 人。

美国《纽约时报》对此发表评论称，芷江会战胜利佳音，可视为对日战争转折之暗示。

此言得之矣。湘西会战击溃了日军主力，不仅挫败其占领芷江机场的阴谋，还提高了中国军队“反攻之士气”。芷江，成了日军丧师折兵之地。

两个月后，日本宣布无条件投降的消息，就传到中华大地，传到芷江。

受降大院

1945 年 8 月 18 日，蒋介石致电冈村宁次，告降使 8 月 21 日来芷江，规定人数、标志盟机护航、须带表册、联络呼号等应遵守事项。

当天，中国陆军总部副参谋长冷欣、蔡文治等赶赴芷江。他们从第四方面军和新六军中抽调了一批精干人马，组成“日本投降签字典礼筹备处”，安排受降所需的人员分工、场地布置、交通车辆调配、治安维持等工作。

紧接着，蒋介石在重庆紧急召集行政院顾问团及中央各部代表开会，部署芷江受降有关事项，确定受降代表团人员。同时，军委会决定在芷江设立陆军前进总指挥部。

由于日本降使今井武夫的职衔是副参谋长少将，何应钦安排萧毅肃直接出面会谈。考虑到两军代表军阶的大体对等，何应钦指派新六军政治部主任陈应庄少将、中国陆军总部参谋陈昭凯上校改佩少校军衔，负责对日军投降专使的警戒和接待工作。

各项筹备工作紧锣密鼓地开展起来。

为确保典礼筹备安全，筹备处用红、粉红、黄三种颜色的布料，印制了“日本投降签字典礼出入证”。出入证严格按照规定，发给有资格参加典礼的代表、中外记者和办事人员等。此外，凡涉及受降典礼的信笺、请柬、毛笔等，都标注有“日本投降签字典礼”的字样。

原国民党第四方面军司令部副官王志廉、王甸明就是用标注有“日本投降签字典礼”字样的毛笔，缮写何应钦下达给冈村宁次的“中字第一号备忘录”。王志廉后来回忆：“我们在餐厅中秉烛夜书，迄至深夜12时许始告完成，虽称辛劳，然精神振奋，毫无倦意。”

受降会场设在芷江城外七里的七里桥。这里有中美空军基地的营房和几间招待所。由于时间有限，中美空军第一招待所的三栋西式平房，被临时改为“受降大院”。

“受降大院”本不宽敞，参加受降典礼的人源源不断，就变得越来越拥挤。原定一个人的房间，也只好安排三四个人合住。当时，一到开饭时间，上百桌挤得满满当当。负责招待庶务的第四方面军副官处的赵汝汉处长，累得直呼：“不得了！不得了！”

举办受降典礼，需要大量会务物品。当时招待所里的桌椅板凳不够用，负责会务的第四方面军副官主任李铮，为此急得火烧眉毛。

李铮带着办事员跑遍芷江城，到处搜集购买会场用的桌椅板凳，但搜集到的桌椅参差不齐，临时赶制又来不及。正在李铮发愁之际，第四方面军驻安江的一位团长告诉他，安江县政府和湖南安江一、二纱厂有一批好家具。随后，李铮匆忙开着几部大车，把县政府和纱厂里好一点的桌椅沙发都搬到了芷江。

忙了三天三夜，筹备处终于在受降典礼前一天，一切准备就绪。

1945 年 8 月 20 日，何应钦及其随员、顾问等 60 余人，由重庆乘 4 架绿色运输机飞抵芷江。各方面军司令、全国各地的记者，也都在这一天纷纷赶到芷江。

当晚，何应钦组织召开了几个会议，安排受降典礼的程序、手续、注意事项等。萧毅肃的儿子萧慧麟回忆说：“由于近代中国从没有接受别国投降的先例，也没有日本向他国投降的先例可供参考，受降前的晚上，中方特意把德国投降的影像资料放映了很多遍。但除了尊重对手私人人格这点可取之外，没有其他可供参考的地方。”

会议商定，对日本来的降使代表接待要合理，但要冷淡。降使代表的起居饮食，不但要规定时间，而且应以号音为准，严肃庄重，方不失战胜国风度。同时，所有标语、便条均应印有“V”字，表示胜利。

胜利荣光

1945 年 8 月 21 日，芷江城在一片欢喜中醒来。

时任重庆《大公报》记者的顾建平，在《芷江观光》一文中写道：

> 县城门口有一红色对联，写着“庆五千年未有之胜利”“开亿万世永久之和平”，字大如斗。商店酒家结彩，户户升旗，噼噼啪啪的鞭炮，还没有放得尽兴。我们在街上巡视一周，除了看到拥塞的各型汽车以外，便是红红绿绿的联语，其中很多采用“日本投降了，天下太平矣”两句简单明了的现成白话。

这一天，芷江城的男女老少，迎着晨曦，纷纷从不同方向涌入城东的机场。很快，芷江机场被围得水泄不通，四周人头攒动。人们站在白石灰划出的警戒圈外，翘首以待。警戒圈内，百余架飞机、数百辆吉普车等，整齐停放在机场跑道上，到处是岗哨。

上午11时许，机尾系着红布条标识的日本降机，在3架“野马”式战斗机的监护下，缓缓降落芷江机场。一瞬间，数千名中美官兵、记者蜂拥而上，警戒圈外的人们也开始骚动。

当时参与采访的记者李英写道：“我们赶到飞机场，只见人山人海，万头攒动，好容易才挤进采访棚，刚坐下不到十分钟，就听见隆隆的机声由远而近，今井武夫乘坐的飞机出现在芷江的上空，绕场三周，一则表示对中国军民致意，一则向地面请示：是否准许他们降落。临场指挥官命令侍从从地面发出准许降落的信号，日机才徐徐降落在芷江机场上。”

日机降落前，今井武夫从空中俯瞰芷江机场。他忽然明白日军在此丧师折兵的原因，“从飞机上方俯视芷江飞机场，只有一条单方向的跑道，并未很好地加以铺装，但是分散隐蔽在各处的飞机却有数百架之多……与日本空军简陋的现状相比较，不得不惊叹敌方空军实力之雄厚”。

但为了顾全日本人最后的体面，今井武夫赴芷江受降，乘坐的是型号为“MC”的专机。抗日战争期间，它一度威风凛凛、不可一世。彼时，已漆皮脱落，布满弹痕。

舱门缓缓打开，今井武夫一身戎装，佩军刀，低头从飞机中走出来，询问是否可以下机。陈应庄应允后，上前检查机组人员的名单。几名宪兵同时上前检查机组人员所携带的5只皮箱。

随后，陈应庄引导今井武夫及其随员等8人，分别乘坐4辆插有白旗的吉普车，绕机场一周后，驶向会场。

这一幕，让在场的群众兴奋不已。有人举起相机拍照，有人扯下日本降机机尾的红布当作纪念，还有人喊着“打倒日本帝国主义”“审判战犯”的口号阻挡车队前行。

今井武夫、桥岛芳雄、前川国雄等一行人，坐在吉普车上，面带戚容，情绪颇为紧张。他们犹如过街示众的囚犯，徐徐穿过人海。

从卢沟桥事变到策划成立汪伪政府，今井武夫作为日本侵华期间的高级军事特务，曾在这片土地上飞扬跋扈，不可一世。他万万没想到，自己会“铐着双手来乞降”。

最后的较量

“八年烽火起卢沟，一纸降书落芷江。”芷江受降，举世瞩目。

这一天，芷江城处处张灯结彩，受降会场也经过精心布置。

会场正门，左右各立一座松柏枝扎起的牌楼。左牌楼入口处缀“公理”两字，中间为象征胜利的“V”字，上面扎有“和平之神”的形象；右牌楼亦然，入口处缀“正义”两字。会场门前的空旷地，高竖中、苏、美、英4国国旗。

进入会场，一栋黑色结构的木平房内，以木栅为界分东西两区，东区墙上挂有孙中山画像。画像前置有几张长桌，铺着雪白的桌布。当时参与报道的《宁远日报》记者易君左形容说，这些桌子看起来“好像是法官的案台”。而在西区则只有一张长桌，是预留的记者席，墙上悬挂着一口大钟。

受降会议开始之前，在场的政要、士兵、中外记者都处于兴奋不已的状态。据易君左描述，房间一端，“喜气洋洋的中美军官互相道贺，而最突出的是主持会议的中国陆军总部参谋长萧毅肃将军和美国代表巴特勒将军响亮的笑声”。另一端的记者席，几乎被外国记者带来的打字机霸占，打字机的声响甚至盖过了人们的喧哗与嘈杂。

《中国晨报》记者严怪愚当年曾是湖南报界在现场的记者之一，他注意到汤恩伯、张发奎、卢汉、王耀武、杜聿明、吴奇伟、廖耀湘、郑洞国、张雪中等国民党高级将领，都列席了这次会议。但由于会场面积有限，数十名中外记者，不得已被挤在了走廊和会场外面旁观。

15时20分，今井武夫等4名日本降使脱帽步入会场。他们走到空位处，在众目睽睽下，向坐在主席位置的中国陆军总部参谋长萧毅肃、副参谋长冷欣以及中国战区美军参谋长巴特勒准将和翻译官王武上校，深深鞠了一躬。萧毅肃等未回礼，只说了一句："请坐！"

今井武夫就座后，没有解下腰间的军刀。在会谈开始前，他就恳请中方：日本人素视军刀如生命，取下军刀，就等于坏了性命。于是，萧毅肃特许今井武夫保留军刀，他对此感激不尽。

会谈伊始，萧毅肃先是介绍了自己左右两边的中国代表及美国方面代表，接着用命令的口气说："我受何应钦总司令的委托接见你们，请你们说明身份，交出身份证明书！"

日英文相继译毕后，今井武夫介绍了自己和随员，低声报告说："我受日本驻华派遣军总司令冈村宁次派遣前来联络中国战区负责人。我的任务就是在停战协定签订前与贵官联络，没有权力决定、也没有权力在任何文件上签字。"

今井武夫只言"停战"不言"投降"的表述，引起中方代表的不满。萧毅肃怒斥道："日本天皇已下诏接受《波茨坦公告》实行无条件投降，命令日军停止战斗，交出武器。贵官是冈村宁次将军派出的投降代表，前来接受中国战区关于侵华日军投降的命令。你在口头报告中用'停战'代替'投降'一词，殊为不妥，特予以纠正。"

因此，今井武夫一面唯唯称是，一面在呈交相关文件时又不甘示弱。早在 3 天前，中方就已电令冈村宁次，命其把中国大陆（除东北三省）、中国台湾和越南北纬 16 度以北地区所有日本军队的指挥系统、兵力分布、机场、舰艇、弹药库、布雷区的位置和现状之表册图籍全部呈交。

但今井武夫表示，只带了日军在中国战区的兵力部署图，并无表册，而该图上并没有中国台湾和越南的兵力部署情况，理由是驻扎在这两个区域的日军不属冈村宁次管辖。

与此同时，日本翻译木村辰男只译到此处就停止了。中国方面的日文译员立刻站起来说：“今井少将的话还有两句没有译出来，‘东三省、越南和台湾的大概情形是可以知道的’。”

在不断的较量中，会谈持续了一个多小时。负责现场拍摄的美国摄像师捕捉到一个细节：日军中佐参谋桥岛芳雄坐下之后，如坐针毡，一直紧张得不停擦汗。而在一旁的今井武夫，头上也直冒汗珠。

17 时许，中美代表用中、日、英三种语言，宣布了要求今井武夫转交冈村宁次的“中字第一号备忘录”。这份备忘录中规定，在中国战区内的日本陆海空三军应接受命令，向中方指定之受降主官全部投降。

今井武夫接过备忘录，要求对内容有所说明，却被萧毅肃“可以不必”4 个字挡了回去。萧毅肃令其转告冈村宁次，中方将派冷欣到南京设立指挥所，以便让日军投降事项顺利进行；中方将在最短时间里空运部队到南京、上海、北平等地，希望日方配合做好准备。受降会谈由此结束。

签字地点改南京

与今井武夫会谈结束后，何应钦接到在华美军司令魏德迈来电。魏德迈表示，受降签字是举世瞩目的大事，签字地点不宜放在芷江，应改为南京。

对于这一建议，何应钦并不同意。他认为，南京当时还在日军控制之下，受降签字在南京有诸多不便，仍在芷江为妥。

8 月 21 日，何应钦电请蒋介石以仍在芷江为妥。次日，蒋介石从重庆给何应钦发来急电："可与日代表在芷江会商各款，签字地点决改在南京。中正。"

受降签字改在南京，诸多难题接踵而来。在中国军队尚未确实控制的城市，若只在形式上举行受降仪式，实质上没有军队去占领它，那么日军的武装由何人去解除？受降之后，南京如何去接管与保卫？

权衡利弊后，萧毅肃对此提议："应等我们的武力能确实控制南京后，在该地举行'中国战区受降签字典礼'，并立即在该地区解除日军武装。各种接收工作也才能在国军的武装协助下一并进行。否则，将失去保证。"

这一提议，很快得到了蒋介石的认可。蒋介石遂核准将受降签字典礼改在南京举行，致电何应钦："芷江何总司令勋鉴：一、美军总部接麦克阿瑟将军来电谓：日政府正式投降，于 8 月 31 日始能签字。中国战区接受冈村宁次之正式投降，须待东京总投降签字，及大军空运南京、上海已开始后，始可在南京签字。预计受降日期，约在 9 月 4 日或 5 日。"

8 月 23 日上午，何应钦会晤今井武夫，面告日本投降正式签字地点定于南京。当天下午，今井武夫一行，从芷江飞往南京。

随后，何应钦一边在芷江处理受降后续事宜，一边筹备南京的签字仪式。但要空运部队到南京、上海、北平等地，短短几天的时间绝不够用。于是，他电请蒋介石将签字日期确定为9月9日。征得蒋介石同意后，何应钦因此有了宽裕的时间调兵遣将。他在芷江部署了中国战区受降的全部事宜，直到9月8日上午9时，才从芷江飞临南京。

9月9日9时，“中国战区日本投降签字典礼”在南京中央陆军军官学校大礼堂举行。

作为中国战区第一个受降地，芷江不仅见证了近代中国首次以战胜国姿态受降，还因此而名扬于外。

如今，芷江已在受降纪念坊和受降会场旧址的基础上，建成和平园、中国人民抗日战争胜利受降纪念馆、湖南抗日战争纪念馆、飞虎队纪念馆，吸引了众多追忆历史的游客纷至沓来。每一件文物、每一段文字、每一幅影像，都在无声诉说着那段波澜壮阔的历史，时刻提醒着后人缅怀先烈们浴血奋战的英勇身姿，铭记他们用生命和热血换来的和平与安宁。

本文来源：2021年8月24日《北京日报》9版、12版

后　记

“烽火忆峥嵘，青史祭英魂。”在中国人民抗日战争暨世界反法西斯战争胜利 80 周年之际，《铭记：永不褪色的抗战记忆》在我们编辑团队的努力下，终于得以呈现在读者面前。这本凝聚着无数先辈热血与精神的抗战纪实，不仅是对那段波澜壮阔历史的深刻铭记，更是对伟大抗战精神的崇高礼赞。

本书依托《北京日报》“纪事”版长期积淀的优质资源，深挖“抗战”主题内容，打破常规叙事线索，依据抗战精神的内在逻辑，精选精编，分为五个部分，将那些散落在历史长河中的可歌可泣的抗战故事一一拾起，串联成一部震撼人心的雄壮史诗。

第一部分“血肉铸就的长城”，是一曲气壮山河的英雄赞歌。从九一八事变开始，面对国民政府的“不抵抗命令”，南岭大营守军仍毅然奋起自卫反击，给予日军沉重打击，开启 14 年抗战悲壮序章；到东北沦陷后，中国共产党在国民党重兵“围剿”的艰难处境下，率先高举抗日大旗，领导东北抗日联军在冰天雪地、敌众我寡的绝境中，与日军展开长达 14 年不屈不挠的浴血奋战，他们的坚韧与牺牲，成为伟大抗战精神最生动的注脚；七七事变后，北平学生军满怀家国大义，虽握枪仅半月有余，却毫不畏惧地与日军展开惨烈肉搏，大半血洒疆场，那是青春热血对祖国最炽热的告白；淞沪会战中，“八百壮士”明知留守四行仓库是九死一生，却依然视死如归，以血肉之躯筑起捍卫民族尊严的钢铁壁垒，他们的身影，是中华民族不屈脊梁的象征；还有中国重炮部队，作为当时唯一能在火力上抗衡日军的力量，以雷霆万钧之势，向侵略者发出中华民族的愤怒吼声。这一部分，从北到南，从青涩学生到铁血军人，从简陋装备到重型武器，全方位展现了中国军民在抗战初期，以血肉之躯抵抗强敌，用不屈意志铸就抗战长城的伟大精神。

第二部分展现的是“理论的光辉与希望的曙光”。延安，这座革命圣地，在抗战的艰难岁月中成为指引中国人民走向胜利的灯塔。毛泽东的《论持久战》，犹如一盏明灯，在漫漫长夜中为迷茫的人们照亮了胜利的方向，它以高瞻远瞩的战略眼光，科学分析战争态势，给予全国人民坚定的信心和勇气；中外记者西北参观团冲破重重封锁抵达延安，他们看到了一个充满生机与希望、军民一心、艰苦奋斗的新世界，延安的真实面貌由此展现在全世界面前，让人们看到了中国抗战胜利的希望之光，也为中国共产党赢得了国际社会的理解与支持。

第三部分聚焦于“没有硝烟却同样惊心动魄的战场”。在这片战场上，无数英雄默默奉献、无畏牺牲。科学家们将智慧与学识化作武器，为抗战提供坚实的科技支撑；宜昌大撤退中，无数实业家、工人齐心协力，争分夺秒抢运物资，保存了中国未来发展的工业火种，为抗战胜利奠定了物质基础；秘密战线上，像红色间谍中西功这样的无名英雄，身处敌营，在生死边缘传递重要情报，他们用生命诠释了信仰的力量，也体现了中国共产党的伟大感召力，能让敌人阵营中的有识之士转变立场，投身正义；还有文澜阁本《四库全书》的万里历险，从战火中艰难西行又奇迹般归来，背后是无数仁人志士对中华文化的守护与传承，彰显了中华民族保护文脉、坚守文化根脉的坚定决心。

第四部分展现了“跨越国境的正义力量”。丹麦友人辛德贝格在侵华日军南京大屠杀期间，以无畏的勇气和人道主义精神，展开百余日人道救援，为无数生命撑起一片希望的天空；苏联援华空军，驾驶战机翱翔苍穹，与日军展开激烈空战，他们的英勇无畏，展现了国际主义精神的伟大力量；南侨机工们，远离家乡，回到战火纷飞的祖国，在滇缅路上冒着枪林弹雨，为抗战物资运输奔波忙碌，许多人甚至付出了宝贵的生命，他们的热血洒在了祖国的土地上，也融入了中华民族的抗战精神之中。

终章来到芷江，这座小城见证了中国抗战的伟大胜利——中国战区第一个受降地。在这里，中国人民以胜利者的姿态，接受日军投降，洗雪了百年耻辱。中国人民抗日战争的胜利，是中华民族由近代以来陷入深重危机走向伟大复兴的历史转折点，它向世界宣告：中国人民是不可战胜的。

本书承载着我们对先烈最深切的缅怀与敬意。它让我们铭记，今日的和平，是无数先烈用热血和生命换来的。同时，也让我们深刻认识到，抗日战争的胜利是全民族团结一心、浴血奋战的结果，也是全世界正义力量携手合作的伟大胜利。希望本书能成为一座桥梁，连接过去与现在，让后人永远铭记那段历史，传承和弘扬伟大的抗战精神，为实现中华民族伟大复兴的中国梦而不懈奋斗。

2025 年 5 月

鸣　谢

本书版画由中国人民抗日战争纪念馆提供。